幼儿园课程资源
开发与利用 丛书

丛书主编　钱月琴

家乡的非遗

主　编　陈秋英　吴丽明
编　委　王亚娟　李　媛　陆瑜妲　杨晨曦　徐　瑛

苏州大学出版社

图书在版编目(CIP)数据

家乡的非遗／陈秋英，吴丽明主编． -- 苏州：苏州大学出版社，2023.7(2023.9重印)
（幼儿园课程资源开发与利用丛书／钱月琴主编）
ISBN 978-7-5672-4444-3

Ⅰ．①家… Ⅱ．①陈… ②吴… Ⅲ．①非物质文化遗产-中国-教学研究-学前教育 Ⅳ．①G613.2

中国国家版本馆 CIP 数据核字(2023)第 104250 号

书　　名：	家乡的非遗 JIAXIANG DE FEIYI
主　　编：	陈秋英　吴丽明
责任编辑：	万才兰
策　　划：	谢金海
出版发行：	苏州大学出版社(Soochow University Press)
社　　址：	苏州市十梓街1号　邮编：215006
印　　刷：	苏州市古得堡数码印刷有限公司
邮购热线：	0512-67480030
销售热线：	0512-67481020
开　　本：	889 mm×1 194 mm　1/20　印张：6.5　字数：123千
版　　次：	2023年7月第1版
印　　次：	2023年9月第2次印刷
书　　号：	ISBN 978-7-5672-4444-3
定　　价：	58.00元

若有印装错误，本社负责调换
苏州大学出版社营销部　电话：0512-67481020
苏州大学出版社网址　http://www.sudapress.com
苏州大学出版社邮箱　sdcbs@suda.edu.cn

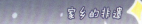

"幼儿园课程资源开发与利用丛书"
编委会

顾　问　张春霞

主　任　季小峰

副主任　周　萍　顾忆红

编　委（按姓氏笔画排序）

王亚红　王惠芬　吕淑萍　朱　静　孙文侃

吴小勤　沈　红　沈方勤　沈艳凤　张　琼

张利妹　陈小平　陈秋英　胡　娟　莫美华

钱明娟　徐　桢　徐国芬

序

　　吴江区高度重视学前教育的发展。长期以来，吴江区学前教育工作者注重抓内涵、提质量，在幼儿园课程建设方面做了很多扎实有效的工作。

　　江苏省实施课程游戏化项目以来，吴江区学前教育工作者努力进行课程游戏化的区域推进，为课程游戏化提供了示范，吴江区涌现出了许多高质量课程建设的典型。尤其是在资源深度挖掘和利用方面，很多幼儿园强化课程意识和资源意识，增强目标意识和效率意识，深入挖掘和利用本地课程资源，努力将资源优势转化为经验优势，形成了课程资源开发和利用的吴江经验。

　　吴江是一个具有深厚文化历史底蕴的地方，名人、遗迹、名胜不胜枚举，具有鲜明江南特色的古镇和村落，丰厚肥沃的土地，孕育了万千生命和厚重的文化。对于如何挖掘和利用吴江的自然与文化资源，吴江的老师们进行了积极的探索和创新。他们从幼儿身心发展规律出发，深入分析本地各类资源对儿童发展的价值，形成了一系列资源开发和利用的途径与策略，让幼儿在多样化的活动中感受文化、体验文化、理解文化、表达文化和创新文化。丰富的幼儿园课程内容，充实了儿童的生活，增进了儿童的体验和情感，增强了儿童的操作和表现能力。

　　这套丛书是吴江区各幼儿园从不同的资源出发，深入研究儿童的需要和兴趣，系统开展多种形式的活动，充分利用儿童的多种感官，有效促进儿童对文化的了解、理解和表达，不断丰富和充实儿童经验的实践成果。相信这套丛书一定能给幼儿园课程建设提供有益的经验和启示，一定能为学前教育质量的提升做出贡献。

南京师范大学教育科学学院教授、博士生导师

2023 年 5 月

前 言

莼鲈之香正十年

秋风斜阳鲈正肥，扁舟系岸不忍去。

吴江位于苏浙沪两省一市的地理交界处，是"鱼米之乡""丝绸之府"，有古镇、蚕桑、运河……历史悠久，资源丰富。

十余年来，吴江学前教育坚持以"贯彻落实《3—6岁儿童学习与发展指南》精神，开展幼儿园生活化游戏化课程建设"为抓手，区域性全面推进、全类覆盖、全员参与课程游戏化项目区实践。"区域推进不是要求区域统一，本质是让幼儿园各尽其能，充分调动每一位教师的专业才智，充分利用一切空间和资源，最大限度地发挥对儿童发展的支持和促进作用，从而提升教育质量。"（虞永平）十余年间，吴江幼教人通过改造环境、优化课程、专家引领、提升师资、追随儿童、科学评价等策略，营造了良好的学前教育生态，从"幼有所育"走向"幼有优育"。

吴江区各幼儿园从资源入手积极探索"资源—活动—经验"的实践路径，通过梳理、分析本园资源，建构课程资源地图，制作课程资源清单，开展多样化教育活动，尝试建设适合本园的课程，积累了大量的一手资料，于是就有了这套"幼儿园课程资源开发与利用丛书"。

本套丛书不仅是吴江区各幼儿园在课程建设中开发利用本园周围的资源，开拓儿童课程源泉，促进儿童全面发展的生动实例，还是凝聚着全区"学前教育发展共同体"踔厉奋发、笃行不怠的成长足迹和探究精神的宝贵财富。在这套丛书里，你可能会看到因为年轻而存在的稚气，但更会看到因为年轻而勃发的对教育的追求和活力。

本套丛书有以下三个特点：一是实践性，每类资源的开发和活动的组织都是幼儿园实践过的；二是操作性，幼儿园提供了某资源开发和利用的理念、路径、方法和具体的活动，可以为同行提供范例和借鉴；三是普适性，这套丛书涉及的资源都是日常生活中普遍存在的、与幼儿生活密切相关的。本套丛书共有十三个分册，每个分册都是从资源介绍、开发理念、资源清单、基本路径、活动列举、课程计划、方案设计、活动叙事八个方面来编写的。虽然这些都是一线教师的实践积累，但在理念上可能尚有偏颇，在实践中可能存在需要改进的地方，不足之处敬请专家和同行提出宝贵意见，以便让这套书不断完善。

十年磨一剑，蓄势再扬帆。在未来十年，乃至更长一段时间，吴江区学前教育会继续与时俱进，勇立潮头，办出更多老百姓家门口的高质量幼儿园。

丛书编委会

2023 年 5 月

目 录

资源介绍 /1

开发理念 /3

资源清单 /6

基本路径 /10

活动列举 /13

课程计划
 学期课程计划 /18
 主题活动计划 /23

方案设计

 主题活动方案 /30
  好玩的木桶（中班） /30
   一、集体活动 认识箍桶 /30
   二、参观活动 寻找箍桶手艺人 /32
   三、参观活动 箍桶的工具们 /34
   四、参观活动 参观木桶陈列馆 /35
   五、调查活动 木桶可以做什么 /36
   六、收集活动 各种各样的木桶 /38
   七、生活环节渗透 大木桶 /40
   八、集体活动 桶桶乐 /41

九、集体活动　小木匠　/ 43

十、区域活动　美丽的木桶　/ 46

十一、集体活动　大桶小桶　/ 47

十二、劳动活动　木桶里的美食　/ 48

十三、集体活动　米桶和老鼠　/ 50

十四、集体活动　桶儿排排队　/ 52

十五、集体活动　神奇的蓝色水桶　/ 56

十六、区域活动　木桶运水　/ 58

十七、生活环节渗透　木桶滚滚乐　/ 60

十八、集体活动　木桶叠叠乐　/ 61

系列活动方案 / 63

凤榧茶（小班）/ 63

一、集体活动　认识凤榧茶　/ 63

二、收集活动　做凤榧茶的工具　/ 65

三、劳动活动　我来做杯凤榧茶　/ 66

四、区域活动　小茶馆　/ 67

木梳（大班）/ 69

一、集体活动　你知道的木梳　/ 69

二、调查活动　木梳制作大调查　/ 71

三、集体活动　邀请非遗传承人　/ 73

四、收集活动　制作木梳的准备　/ 74

五、区域活动　制订木梳制作计划　/ 75

六、劳动活动　制作木梳　/ 76

七、区域活动　画一画问题树　/ 78

八、区域活动　木梳创意画　/ 79

九、集体活动　绘制木梳展海报　/ 80

十、集体活动　我做木梳宣传员　/ 82

单个活动方案 / 83

一、调查活动　糖画大调查（小班）　/ 83

二、调查活动　熏豆的烘制（中班）　/ 85

三、集体活动　我心中的船（大班）　/ 87

活动叙事

幼儿园里的熏豆茶（中班）　/ 90

甜甜的糖画（中班）　/ 105

后　记　/ 121

资源介绍

苏州市吴江区，濒临太湖，自然条件优越，文化底蕴深厚。吴江代代流传的非遗技艺和非遗美食，蕴含着人们丰富的想象力和独特的创造力，催生了吴风越韵的历史文化，滋养了朴实淳厚的地道吴江人。

一项项民间非遗技艺彰显了文化的传承。精心雕琢的木梳技艺、工序繁杂的箍桶技艺、匠心独运的船模技艺，无不诠释着传统技艺的精湛，展示着吴江文化的丰厚底蕴。需要经过十几道精细的手工工序，方能制作出牢固、美观的木梳的木梳技艺，体现了传统技艺的精湛、高超。手艺人钮金良对木梳技艺的保护、发展与传承，展现了非遗匠人的匠心精神。工序繁杂的箍桶技艺，凭借严谨的制作工序和精湛的好手艺，在茅永根的家族代代传承，造就了一件件外观精美、紧密不漏水、保温性良好的木桶工艺品。匠心独运的船模技艺，兴起在造船业鼎盛之时，随着时代的变迁，薛祥娜的船模制作技艺更具手工艺术的内涵和价值。

一道道非遗美食凝聚了生活的智慧。沁心甜润的糖画、糯香可口的风枵茶、醇美咸香的熏豆茶，无不蕴含着独特的人文情怀，成为一代代吴江人珍视的情感印记。糖画，亦糖亦画，可观可食，迄今已有400多年的历史，曾广泛流行于吴江乡镇。糖画制作技艺传承人李瑶仅用一勺一铲，使手中的勺子飞速运行，将糖稀挥洒在光洁的冷却板上，一气呵成，便能勾勒出无数栩栩如生的形象。李瑶创作的不只是糖画，更是很多人甜蜜的童年记忆。直到今天，在灯会，在集市，在游乐园，幼儿还是会被糖画摊位深深吸引。风枵茶历史悠久，是一碗在糯米饭糍干中放入白糖后加入热水冲泡的，软糯香甜的热茶。在吴江人家里，围在一起喝风枵茶更是亲友邻里之间交流感情、和睦相处的重要途径，是一种风情浓郁、特色浓厚的民间习俗。醇美咸香的熏豆茶，是农家招待客人的必备美食，是一道以熏豆为主料,加上其他辅料一起冲泡而成的茶点。其制作技艺充分体现了江南人家的细致和耐心,充满了浓浓的乡间气息。

　　或许无论走到哪里,唤醒家乡记忆的,都不止市井生活的烟火气,还有传承千百年的民间非遗技艺和非遗美食。幼儿园将这些非遗资源融入课程,把贴近幼儿生活的文化、环境转换为课程内容,并通过集体活动、游戏活动、区域活动的形式引导幼儿在有目的、有计划、有准备的教育环境中积极互动,在主动学习的过程中建构生活经验,并转换为教育知识。当幼儿离园回归到生活环境时,新构建的教育知识遇到相似的生活情境,又可以被幼儿迁移、应用,完成"生活经验—教育知识—生活经验"的有意义的学习过程,增强经验增长的连续性、可持续性。

开发理念

陈鹤琴先生的"活教育"理论指出:"大自然、大社会是活教材。"苏州市吴江区青云幼儿园地处农村,具有独特的自然环境、民风民俗、生产生活经验、传统文化等极具教育价值的课程资源。随着课程游戏化的推进,青云幼儿园尝试把乡土资源融入幼儿园课程活动,让幼儿的生活和学习与地域资源融为一体,拓展幼儿的生活和学习空间,活化幼儿的学习环境,让幼儿在"活"的环境中对"活"的内容进行探究,重视幼儿的主体性和直接经验的获得及热爱家乡情感的培养。

★ 凸显幼儿的主体性

幼儿是学习的主人,是教育活动中的主体。幼儿的主体性是幼儿作为自身主体的内在规定性,是幼儿在参与活动的过程中作为主体所具有和表现出来的自主性、能动性、创造性、选择性等特征与属性。

主体性是幼儿身心发展的核心,幼儿教育是促进幼儿主体性发展的教育。在教育过程中,自我完善和发展的内需促使每个幼儿表现出独立、自主、积极、探究、创造等主体性特征,形成完整的自我。只有当幼儿的主体性得到最大程度的体现时,教育才能真正发挥作用,从而促进幼儿的学习与发展。

在课程资源开发利用的过程中,我们要运用各种方法促进幼儿主体性的发展,例如,鼓励幼儿积极主动参与不同的活动,激发幼儿的兴趣和探究热情,鼓励幼儿大胆创新,给幼儿进行独立自主选择的权利等,充分激发幼儿的主动性,凸显幼儿的主体地位。

尊重幼儿学习的特点和规律

《3—6岁儿童学习与发展指南》（以下简称《指南》）指出："幼儿的学习是以直接经验为基础，在游戏和日常生活中进行的。"可见幼儿是以直接经验来感知和学习的，主要是在游戏和生活中通过直接感知、实际操作和亲身体验来获得经验。

学前心理学表明，幼儿思维是以具体形象思维为主的。运用自身感官去感知、体验各类真实的场景和事物，是幼儿获得经验的最直接有效的途径。因此，幼儿园课程不仅应该是游戏化、生活化的，还应该是情景性、经验性的。只有在具体的情景中以经验的形式把知识传递给幼儿，才能促进幼儿的发展。

幼儿是以直接经验来感知学习的，所以要为幼儿的学习创设具体的活动场景，提供物质保障，如给幼儿打造自由宽松的环境氛围，提供丰富适宜的优质资源材料，提供多样化的操作工具等，让幼儿有实际探究的条件，满足幼儿自主学习发展的需求。

 ## 培养幼儿的家乡归属感

家乡归属感是在与家乡长期交往互动的基础上产生的，是一种积极主动的情感，即幼儿认为自己属于家乡，在思想上、心理上、感情上对家乡产生亲切的情感及自豪的情绪体验，如认同感、自豪感、成就感、使命感等，这些感觉最终内化为幼儿的归属感。

《幼儿园教育指导纲要》（以下简称《纲要》）指出："幼儿园应充分利用社会资源，引导幼儿实际感受祖国历史的丰富与优秀，感受家乡的变化和发展，激发幼儿爱家乡、爱祖国的情感。"可见对幼儿家乡归属感的培养是幼儿园教育的重要工作，能让幼儿了解本土的优秀历史和文化，感受并认同家乡的发展和变化,积极主动地关心家乡的人和事,产生自豪感和热爱家乡的情感。

　　我们应从实际出发,充分利用乡土资源开展各种活动,如开展相关文化的主题活动,参观本地非物质文化遗产展览馆,把非遗传承人请进课堂,开展文化传承的实践活动等,让幼儿在家乡的自然、社会环境中感同身受,认识家乡、了解家乡、走近家乡、感受家乡,对家乡产生积极的情感,促进幼儿社会性情感的发展。

资源清单

吴江非遗资源一览图

木梳： 青云木梳制作技艺发源于吴江区桃源镇青云社区的梵香村、陶墩村一带，青云社区陶墩村的钮金良是这项苏州市非物质文化遗产项目的代表性传承人。

箍桶： 箍桶是民间传统手工技艺之一，吴江区桃源镇青云社区青云村的茅永根是这项吴江区非物质文化遗产的代表性传承人。

船模： 船模制作技艺伴随航运出现，吴江区桃源镇宅里桥村的薛祥娜是这项吴江区非物质文化遗产的代表性传承人。

糖画： 糖画是一种传统民间手工艺，吴江区桃源镇九里桥村的李瑶是这项吴江区非物质文化遗产的代表性传承人。

熏豆： 熏豆是太湖沿岸地区的传统土特产品，熏豆的制作技艺已入选吴江区非物质文化遗产名录。

风枵茶： 风枵茶是指在糯米饭糍干中放入白糖后用热水冲泡的软糯香甜的热茶，吴江区七都镇双塔桥村的沈子林是这项吴江区非物质文化遗产的代表性传承人。

非遗资源列表

资源名称	资源描述	工具、设备	材料	利用方式
木梳	青云曾是有名的木梳产地，20世纪七八十年代"青云木梳"已远近闻名。木梳制作以棠梨木、黄杨木等为原料，经过"段料→锯坯→抛坯、出口→划样→锯齿或开齿→藏→剔齿→方→绕背→抛光→上油"等十几道精细的手工工艺，制作出牢固、美观、使用舒适的木梳，有广梳、直柄梳、净庄梳、吹风梳等十几个品种。钮金良在2014年被评为苏州市非物质文化遗产项目代表性传承人，他手制的木梳已进入博物馆。目前他居住在青云社区的陶墩村，此地距青云幼儿园5千米左右	锯子、锉、木器蜡、电锯、小刀、砂纸、切盘、切板、推齿、割锯	黄杨木、桃木、檀木、棠梨木、丝棉木、黑石楠、沉香木、枣木、红木	调查、参观、谈话、欣赏、设计、制作、游戏

续表

资源名称	资源描述	工具、设备	材料	利用方式
箍桶	桃源箍桶制作技艺主要以家族形式代代相传,当前主要传承人为茅永根。箍桶的步骤有锯木、刨平、钻孔、拼接、上箍等,每道工序都非常严谨。手工制作的木桶外观精美,紧密不漏水,保温性良好,深受老一辈的喜爱	锯子、刨子、凿子、鲁班尺、斧头、削刀	杉木、苦楝木、樟木、漆木	调查、参观、谈话、欣赏、设计、制作、游戏
船模	在桃源镇宅里桥村有一位能人,即桃源船模制作技艺的代表性传承人薛祥娜。通过他的精雕细琢,一个个仿古船模精美、逼真。走进薛祥娜的家,犹如置身浩瀚大海,一艘艘"古船"扬帆竞渡。郑和宝船、汴河客船、两千料宝船……一个个船模做工精细,船首、尾、帆、桅、遮雨檐和窗户等无不精雕细刻。2017年4月,"桃源船模制作技艺"被列入第七批吴江区非物质文化遗产代表性项目名录	卷尺、钢板尺、角尺、木锯、斜口刀、钩刀、剪刀、木锉刀、小镊子、尖嘴钳、小木工刨、线锯、小台钳、手电钻、曲线锯、砂轮机、角磨机	木料（乌木、红木、柚木、桐木、樟木）、布料、线绳、竹子、麻、金属、油漆	调查、参观、谈话、欣赏、设计、制作、游戏
糖画	桃源糖画制作技艺以家族形式代代相传,至今已绵延400多年。糖画技艺第四代传承人李瑶在祖传糖画的基础上,选用了与时俱进的材料,开发了丰富多样的题材,共计百十来种。糖画的主要材料是白砂糖,需要用到竹签、炉子、铜锅、小铜铲、小圆勺、天然大理石板等。桃源糖画制作技艺在2022年被列入第九批吴江区非物质文化遗产代表性项目名录	光滑的石板、小圆勺、起子、竹签、炉子、铜锅	绵白糖、麦芽糖、蜂蜜	调查、参观、谈话、欣赏、设计、制作、游戏

续表

资源名称	资源描述	工具、设备	材料	利用方式
熏豆	熏豆是太湖沿岸地区的传统特色产品，饮熏豆茶是江浙交界处地方传统饮茶习俗。熏豆茶是一道以熏豆为主料，加上其他辅料一起冲泡而成的茶点。熏豆茶的制作工艺十分细致烦琐，大致分为拔毛豆梗、采豆荚、剥豆荚、焯水、煮豆、烘制、保存等多道工序，且每道工序都有讲究，充分体现了江南人家的细致和耐心	土灶、筛子、铲子	鲜毛豆、水、盐	调查、参观、谈话、欣赏、设计、制作、游戏
风枵茶	风枵茶是一道甜茶。在茶碗里放点糯米糍干，放上白糖，冲上开水，就是吴江人家家里一道别有风味的风枵茶，它的特点就是"甜""香""糯""滑"。它由糯米制成，糯米黏性强，在烧热的大锅上铺开后便会结成一片片锅巴，用铜铲将锅巴取下，便是风枵茶的主要原料"糯米糍干"。请喝风枵茶是主家尊重客人的体现，也是吴江西南角人民重情好客的表现	土灶、糯米、锅铲	泡软、煮熟的糯米	调查、参观、谈话、欣赏、设计、制作、游戏

基本路径

青云幼儿园在开发利用家乡非遗资源时,结合地域文化特色,聚焦于美食和技艺这两类。其中,美食类包括熏豆、风枵茶和糖画;技艺类包括木梳、船模、箍桶等手工制作类的工艺品。青云幼儿园利用这些家乡资源,根据不同年龄段幼儿的兴趣、学习特点,分别以"美食"和"技艺"两条路径为切入口,开展形式多样的生活化、游戏化活动,为幼儿感受家乡文化、体验社会风俗创设平台,从而建构具有家乡特色的园本课程。

家乡美食

民以食为天,每一种家乡传统美食都具有浓厚的乡土特色和实用价值。而幼儿对家乡美食的最初印象往往在于美食入口的瞬间。以此为突破点,幼儿园设计了家乡美食课程实施路径图:体验——品尝家乡美食,从味觉入手激发所有感官;调查——寻找制作美食的原材料,了解美食的来源及制作工序;分享——交流收集到的信息,汇总已有的经验;实践——通过做事、游戏、宣传等系列流程,丰富和拓展对于家乡美食的认知。

以家乡美食熏豆为例,熏豆的制成需要经历"种豆—采豆—剥豆—煮豆—烘豆"等工序。在种豆环节中,幼儿通过选种、规划、管理、养护等活动获得与种植相关的关键经验;在采豆环节中,幼儿学习自我保护与合作;在剥豆环节中,幼儿学习点数与计数;在煮豆、烘豆环节中,幼儿学习自我服务与劳动。一系列的连续活动给了幼儿自我实现与自我创造的机会,促进了幼儿的全方位发展。

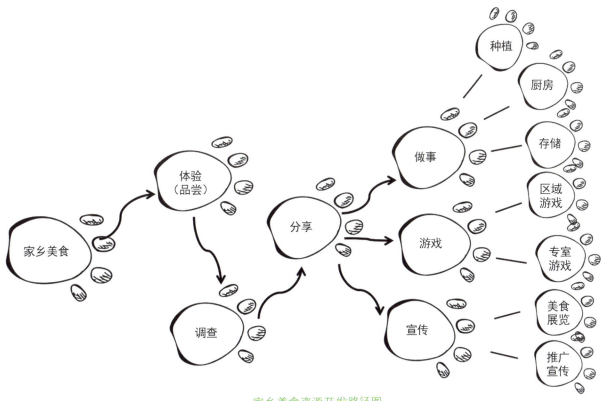

家乡美食资源开发路径图

 **家乡技艺**

  非遗技艺蕴含的文化价值具有深刻的教育意义。为激发幼儿对非遗技艺的探究兴趣，家乡技艺课程实施路径如下：参观调查——寻访非遗技艺传承人，了解传承故事与非遗技艺；收集——筛选适合操作的原料，为操作做准备；分享——梳理操作步骤，交流前期经验；实践——通过做事、游戏、宣传等系列流程，体验传统手工技艺，增强对传统文化的感知与认同。

以木梳为例，幼儿走近非遗木梳制作技艺，首先要通过调查认识非遗手艺人——钮金良，进而认识木梳的制作材料、工具与步骤。然而，工序繁杂的木梳制作对于幼儿来说，稍显复杂且难以掌控。什么样的材料适合幼儿制作木梳呢？经过筛选，我们发现幼儿适合用纸板做梳子，用黏土、废旧材料等做装饰。即使面对复杂的技术性操作，幼儿也能用自己的方式来处理。

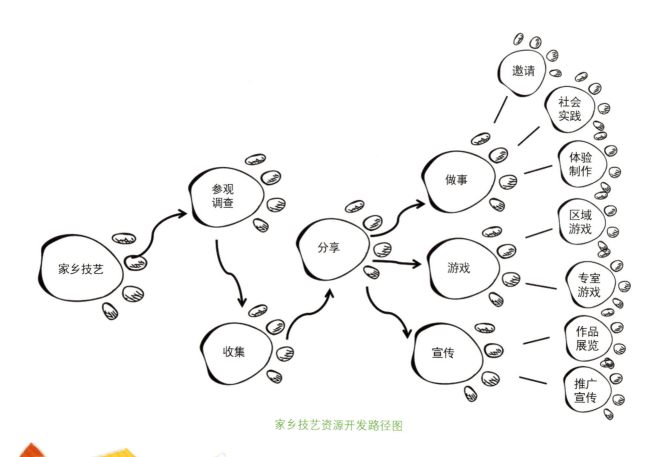

家乡技艺资源开发路径图

🌙 活动列举

青云幼儿园地处农村,具有丰富的乡土资源,且园内幼儿大多来自各个自然村。青云幼儿园从大环境和班级小环境两个层面将乡土资源融入课程活动,营造供幼儿体验的真实活动场景,包括村落农场体验场、村落美食作坊、村落非遗文化馆、村落建筑设计院、村落历史故事演绎场等,引导幼儿在互动中开展游戏,学习合作协商,旨在弥补当前社会环境中人际关系的缺失,达到人与人、人与环境的共生共长,同时培养幼儿热爱家乡的情感。

在诸多乡土资源中,青云幼儿园挖掘了非遗资源,如木桶、木梳、风枵茶、船模、熏豆、糖画等,将其划分为家乡美食和家乡技艺两类,融入课程活动,以主题活动、系列活动和单个活动的形式开展。比如,中班主题活动"好玩的木桶"是根据《指南》及中班幼儿在兴趣、年龄和感知方面的特点,从园本资源"从树到N"中挖掘了箍桶这一非遗文化资源,让幼儿通过各种形式的活动了解木桶、喜欢木桶,并利用木桶开展游戏;在大班系列活动"木梳"中,幼儿观摩非遗传承人制作木梳,在与木梳的互动中,通过直接感知和实际操作,获得直观体验和制作经验。围绕村落资源开展的活动是丰富多样的,它渗透于一日活动的各个环节,包括相关的集体教学活动、区域活动、调查活动、参观活动、生活环节渗透活动等。

幼儿在各种活动及与环境的互动中了解传统文化,感受来自家乡的关怀与爱,学习科学探究方法,增强自主意识,从而培养探索精神和创造能力,并在与大自然的交互体验中形成自信、阳光的品格。

活动列表

活动类别与名称		领域	关键经验	年龄班	实施途径				
					教学	区域	生活环节	运动	实践
主题活动	好玩的木桶（18）	科学、艺术、健康	1.通过操作、讨论等活动，了解木桶的形状及其制作材料。 2.认识并了解各种装饰木桶的材料，学习用压印、粘贴、缠绕等技能装饰木桶。 3.通过观察，根据木桶的颜色、大小、种类等进行排序。 4.初步认识木桶，了解木桶的不同用途，愿意尝试并探索木桶的不同用法。	中班	集体活动、小组活动、个别活动	美工区、科学区	户外活动、散步	平衡、跑跳、跨越	参观、欣赏、调查
	趣味新年（20）	科学、健康、艺术	1.初步感知冬季的基本特征，体验季节的变化和冬季生活、运动的乐趣。 2.不受天气变化的影响，乐意参加园内户外活动，如拍球、长跑等。 3.学习有规律地制作彩旗、彩链，感知物体排列的次序规律	小班	集体活动、小组活动、个别活动	科学区、美工区	户外活动、散步	拍球、长跑	调查、欣赏、收集
	我爱青云（22）	语言、艺术、科学	1.知道自己的家乡在哪里，萌发热爱家乡的情感，建立初步的家乡归属感。 2.学习用梳子刷画，体验用不同绘画工具绘画的乐趣。 3.喜欢用青云方言与同伴交流，感受青云方言与普通话的区别。 4.了解青云的团子、熏豆等美食，并在制作青云美食的过程中感受其中的乐趣与文化	中班	集体活动、小组活动、个别活动	美工区、生活区	户外活动、散步		参观、欣赏、收集、劳动

续表

活动类别与名称		领域	关键经验	年龄班	实施途径				
					教学	区域	生活环节	运动	实践
系列活动	木梳（7）	语言、艺术、科学	1. 观察梳子的基本结构特征，并把看到的梳子画下来。 2. 能用清楚的语言围绕木梳进行交流与分享。 3. 认识木梳的制作工具，了解木梳的名称及制作过程。 4. 能用多种材料制作梳子	大班	集体活动、小组活动、个别活动	美工区、科学区	散步		参观、收集、劳动
	熏豆（6）	科学、艺术	1. 观察毛豆的特征，并了解毛豆的用途。 2. 了解毛豆的储藏办法。 3. 尝试用符号的形式记录熏豆的制作过程，能较清晰地表述熏豆的制作流程	中班	集体活动、小组活动、个别活动	科学区、艺术区、生活区	户外活动、散步		调查、种植、收集、采摘
	风枵茶（4）	科学、语言	1. 初步了解风枵茶的制作过程，知道风枵茶是怎么做的。 2. 能灵活运用各种工具泡制风枵茶	小班	集体活动、小组活动、个别活动	生活区、科学区、美工区	散步		调查、收集、劳动

续表

活动类别与名称	领域	关键经验	年龄班	实施途径				
				教学	区域	生活环节	运动	实践
单个活动	糖画大调查	语言	1. 知道糖画是以糖为材料来做造型的。 2. 了解制作糖画所需要的工具、材料及糖画的制作工艺	小班	小组活动	语言区			调查
	糖浆是怎么来的	科学	1. 知道糖浆是制作糖画的原料，了解糖浆的制作过程。 2. 尝试运用各种工具制作糖浆	中班	小组活动	生活区、科学区			劳动
	我心中的船	艺术	1. 初步了解船的构造和分类，尝试自主构思、绘制船模。 2. 能依据图纸，运用各种材料，与同伴合作进行船模制作。 3. 体验合作成功的快乐	大班	集体活动	美工区、建构区			劳动
	船的故事	语言	1. 调查了解船的种类、用途及演变历史。 2. 认识各种各样的船，萌发对船的喜爱之情	大班	小组活动	语言区			调查
	熏豆的烘制	语言	1. 能较清晰地表述熏豆的制作流程。 2. 产生进一步认识熏豆并烘制熏豆的欲望	中班	小组活动	语言区			调查

注：括号内数字表示活动个数。

课程计划

　　不管是独具匠心的木梳、箍桶、船模技艺，还是风味独特的美食糖画、熏豆和风枵茶，都是吴江本土的非遗文化，而非遗文化需要新一代人的传承与发扬。选择、开发适合幼儿特点又独具本土文化特色的非遗资源，将其纳入课程计划，不仅可以让幼儿在与资源不断互动的过程中获得经验，还可以让幼儿感受家乡的文化魅力，从而让产生特殊的情感，即家乡情怀。那么，如何用好这些资源，让幼儿既能获得有益的经验又能将非遗文化传承下去，就成了幼儿园在开发与利用资源方面的重要课题。

　　要反复对资源开发活动是否纳入幼儿园课程计划进行审议，不断思考、交流、讨论，实现"整体计划→学期计划→主题计划→活动计划"的逐级开展。要坚守儿童立场，从源头上梳理课程资源的价值内涵，最大限度地挖掘课程资源的教育功能，切实关注幼儿的兴趣与学习需要，关注不同课程资源的内隐价值及其与幼儿经验发展的关联，在课程资源的教育价值与幼儿的发展需要之间建立有效的链接，从而让资源真正服务于幼儿的学习与发展，提高幼儿的思维、动手、探究、交往、合作、劳动、创新等多方面的能力，促进幼儿实现活态的文化传承。

　　资源开发活动具有多样性，为满足幼儿不同经验发展的需要，主要以三种活动类型（主题活动、系列活动、单个活动）并存的方式纳入课程计划。

　　主题活动　这里的主题活动是指聚焦本土非遗资源开发的生成主题活动，如中班主题活动"好玩的木桶"是在融入木桶制作技艺的同时根据幼儿的兴趣，结合幼儿的学习需要开展的。主题活动需要教师通过反复审议，听取幼儿对活动的想法与建议，经过价值判断生成。主题课程在进入主题前有预设的"两张图"，即主题经验脉络图和主题活动脉络图，活动的实施时间一般在四周左右。

　　系列活动　这里的系列活动是指围绕某个本土文化资源开展的几个相关的连续性活动，可以在主题活动中穿插开展。比如，小班系列活动"风枵茶"、大班系列活动"木梳"，都融入了当下的主题活动,且具有独立探究价值。活动中幼儿可以在教师的引导下持续、深入地探究,从而获得经验和成长。

单个活动 这里的单个活动是指在一日活动中发生的、围绕某个非遗资源产生的一个活动。单个活动可能是由偶发事件随机生成的活动,也可能是教师预设的活动,是经过反复审议,根据幼儿的兴趣和需要、教师的经验和能力、活动开展的可行性和适宜性等进行规划的。比如,在单个活动"我心中的船"中,不受时间和当下课程主题的影响进入课程,可以替换主题活动中原有的相关内容,达成相应的目标。

以育人为导向的非遗资源进入课程计划,可以促进幼儿的主体性发展。基于这一价值立场,相关活动在内容上要符合幼儿的经验发展水平,在形式上要支持幼儿的主动探究和社会交往,并满足幼儿的多样化学习需要。我们要让课程资源最大限度地服务于园本课程,完善课程内容,促进幼儿的全面发展,同时提升教师的专业能力。

学期课程计划

学期课程计划一览表1

年度 2020—2021　　　学期 第一学期　　　年龄班 中班　　　填表人 陆瑜姮

序号	主题名称	主题目标（价值分析）	主题持续时间	主要资源列举			主题来源
				自然	社会	文化	
1	我升中班了	1. 知道自己是中班小朋友,体验做中班小朋友的愉悦心情。 2. 能表达自己对新环境变化的思考,愿意进行探索。 3. 尝试用图画和符号进行记录和表征。 4. 愿意向同伴讲述自己的心情,能够连贯表达自己的感受。 5. 能够倾听同伴的表达,对中班生活充满期待	4周	园内树木资源	园内设施设备、机构和单位（敬老院、小区）、家长资源	图书资源、网络资源、材料资源	购买的蓝本课程

续表

序号	主题名称	主题目标（价值分析）	主题持续时间	主要资源列举			主题来源
				自然	社会	文化	
2	好玩的木桶*	1. 了解箍桶的历史及其与人们生活的关系。 2. 掌握箍桶的步骤，能用多种感官或动手探索箍桶的制作方法。 3. 比较箍桶的传统制作方法和现代制作方法的异同，感知传承与创新。 4. 知道木桶的基本构造和类型，尝试用记录表对其进行统计。 5. 喜欢和大小不同的木桶做游戏，与同伴友好相处。 6. 感知箍桶工具和材料的多样性，对制作活动感兴趣。 7. 感受家乡的非遗魅力，萌发家乡情怀	4周	园内树木资源	箍桶艺人、箍桶陈列馆、家长资源	网络资源、（箍桶纪录片）、图书资源（《我的万能工具箱》）	自主开发的园本课程
3	我爱青云*	1. 知道自己的家乡在哪里，萌发热爱家乡的情感，建立初步的家乡归属感。 2. 了解木梳、箍桶技艺和糖画及其传承人的故事，萌发身为青云人的骄傲情感。 3. 喜欢用青云方言与同伴交流，感受青云方言与普通话的区别。 4. 了解青云的美食，并在美食制作过程中感受其中的乐趣。 5. 调查青云社区的各种标志，尝试用符号记录调查结果。 6. 愿意为家乡做一些有意义的事	4周	种植园地	家长资源、村落（建筑）	图书资源、网络资源	自主开发的园本课程

续表

序号	主题名称	主题目标（价值分析）	主题持续时间	主要资源列举			主题来源
				自然	社会	文化	
4	多彩的秋天	1. 感知和发现秋季气温、人们的生活、生物生成的变化，感受秋天的丰收景象。 2. 欣赏和感知自然界和生活环境中美的事物，关注其色彩、形态特征。 3. 能运用多种感官感知秋天常绿树与落叶树的主要特征，知道树木的不同生长周期。 4. 尝试利用自然物的特征进行艺术创作	5周	树木资源、农田资源	社区资源（菜场）、家长资源、园内设施设备	图书资源、网络资源、材料资源	购买的蓝本课程
5	冬爷爷的礼物	1. 能积极、愉快地投入各种迎新年活动，体验新年给人们带来的欢乐。 2. 尝试用多种美术材料创造性地表现冬天的自然景色。 3. 知道冬天天气寒冷，学会保护自己的皮肤，知道一些御寒取暖的方法	4周	雪花飘落场景、园内落叶树资源	园内设施设备	网络资源、（图片、音频）、图书资源（绘本《收集东·收集西》）	购买的蓝本课程

注：带＊者是利用本书所谈资源开发的活动。

学期课程计划一览表 2

年度 <u>2020—2021</u>　　学期 <u>第一学期</u>　　年龄班 <u>大班</u>　　填表人 <u>钱娟青</u>

序号	主题名称	主题目标（价值分析）	主题持续时间	主要资源列举			主题来源
				自然	社会	文化	
1	我是大班哥哥姐姐	1. 观察新学期发生的变化，能敏锐地捕捉与自己相关的变化。 2. 感知生活中周围的标志，积极了解标志的特征、种类及与人们生活的关系。 3. 感知新班级环境，能根据需要设计活动区域，并制定规则、设计标志。 4. 能在集体中控制自己的情绪和行为，增强规则意识和任务意识。 5. 尊重为大家提供服务的人，珍惜他们的劳动成果，愿意自己的事情自己做，不会也愿意学。 6. 愿意和弟弟妹妹一起生活、游戏，体会自己长大的美好感受	3周	种植园地、园内自然环境	园内设施设备、园内班级环境	图书资源、网络资源、音频资源	购买的蓝本课程
2	我和我的祖国	1. 知道自己的民族，了解中国的名胜古迹和特产，愿意大胆地对其进行介绍。 2. 感受家乡的风土人情，知道中国是多民族国家，了解各族人民的勤劳、智慧。 3. 了解中国的伟大发明和重大成就，为自己是中国人而感到自豪。 4. 了解中国的传统节日和民俗，积极主动地参加节日庆祝活动，用自己的方式表达对艺术的理解	4周	园内自然环境	家长资源、园内设施设备	图书资源、网络资源（相关照片、升旗仪式视频、京剧视频）、园内设施设备（升旗台、国旗）	购买的蓝本课程

续表

序号	主题名称	主题目标（价值分析）	主题持续时间	主要资源列举			主题来源
				自然	社会	文化	
3	秋果	1.关注周围的事物在秋季的变化，感受秋天的美，乐意用自己的方式记录对秋天的发现。 2.通过欣赏散文、绘本等感受秋天的意境美。 3.知道秋天是丰收的季节，能自己制订秋收计划并进行秋收。 4.了解植物种子与周围环境的关系及几种常见种子的传播方式。 5.愿意在大自然中收集各类物品，向他人介绍并展示，进行各类制作活动	5周	树木资源、农作物资源、种植园地	家长资源、园内设施设备、园外设施资源、小区资源	图书资源、网络资源（照片、音频）、材料资源	购买的蓝本课程
4	木梳*	1.了解木梳非遗文化，知道木梳在人们生活中的重要作用。 2.对木梳的形状、材质感兴趣。 3.能大胆设计并尝试利用各种材料制作木梳，发挥想象力。 4.能用各种材料装饰木梳包装盒，体验做手工的快乐。 5.感受家乡的文化魅力，产生浓厚的家乡情怀	4周	树木资源、料资源	家长资源、桃源木梳非遗馆、木梳传承人钮金良	青云木梳、材料资源	自主开发的园本课程
5	我的春节我做主	1.感受新年来临的快乐，知道自己又长大一岁了。 2.喜欢参加新年礼物制作活动，尝试设计和布置环境，感受节日气氛。 3.乐意与周围的人进行情感交流，在群体活动中积极大胆地用自己的方式表达内心的喜悦和对别人的祝福。 4.在文学作品欣赏中，了解年的来历，知道当地过年的相关习俗，多感官感受过年的热闹、喜庆氛围	5周	园内自然环境	家长资源	网络资源（各地过春节的图片、视频）	购买的蓝本课程

注：带*者是利用本书所谈资源开发的活动。

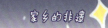

 主题活动计划

主题活动计划一览表1

年度 2021—2022　　学期 第一学期　　执行日期 12月27日—1月21日　　年龄班 小班　　填表人 吴伟琴

主题名称	持续时间	活动名称	来源	主要资源
趣味新年	4周	1. 迎新年	购买的蓝本课程	网络资源（新年习俗视频）
		2. 新年到	购买的蓝本课程	园内设施设备（钢琴、录音机）
		3. 漂亮的彩链	购买的蓝本课程	材料资源（彩纸、胶水）
		4. 说说吉祥话	购买的蓝本课程	网络资源（拜年视频）
		5. 新年来到了	购买的蓝本课程	家长资源（提供挂历）、网络资源（儿歌《大一岁了》）
		6. 糖画大调查*	自主开发的园本课程	家长资源（亲子填写糖画调查表）
		7. 认识风枵茶*	自主开发的园本课程	网络资源（制作风枵茶的视频）、家长资源（制作风枵茶）
		8. 做风枵茶的工具*	自主开发的园本课程	家长资源（提供大灶、铲子、电饭锅、沥水篮）
		9. 我来做杯风枵茶*	自主开发的园本课程	材料资源（电饭锅、大灶、铲子、杯子、糖、水）、家长资源（提供糯米）
		10. 小茶馆*	自主开发的园本课程	材料资源（风枵、茶杯、茶壶、水、糖）
		11. 冬爷爷来了	购买的蓝本课程	网络资源（表现冬天的视频）、材料资源（幼儿制作的冰花）

续表

主题名称	持续时间	活动名称	来源	主要资源
趣味新年	4周	12. 冬爷爷的礼物	购买的蓝本课程	图书资源(《冬爷爷的礼物》)、园内设施设备(录音机)
		13. 雪花飘飘	购买的蓝本课程	网络设施设备(下雪视频)、材料资源(油画棒、纸板)
		14. 小青蛙打呼噜	购买的蓝本课程	园内资源(钢琴、录音机)、材料资源(小青蛙头饰)
		15. 天冷我不怕	购买的蓝本课程	园内资源(运动器材)
		16. 冬天穿什么	购买的蓝本课程	图片设施设备(冬季服装图片)、材料资源(幼儿画册)
		17. 冬天的树	购买的蓝本课程	网络资源(冬天的树的图片)、材料资源(记号笔、油画棒、白纸)
		18. 找找相同的	购买的蓝本课程	家长资源(提供旧手套、棉袜、保暖鞋)、材料资源(幼儿画册)
		19. 北风爷爷别神气	购买的蓝本课程	园内设施设备(钢琴、录音机)
		20. 给雪人戴帽子	购买的蓝本课程	材料资源(幼儿画册)

注：带*者是利用本书所谈资源开发的活动。

主题活动计划一览表 2

年度 2021—2022　　　学期 第一学期　　　执行日期 11月1日—11月25日　　　年龄班 中班　　　填表人 陆瑜姮

主题名称	持续时间	活动名称	来源	主要资源
我爱青云	4周	1. 青云有什么	自主开发的园本课程	社会资源（村落、村落里的人）、家长资源、网络资源（村落的历史故事）
		2. 我是村落小记者	自主开发的园本课程	社会资源（村落、村落里的人）
		3. 村里的桥	自主开发的园本课程	社会资源（村落里的桥）、网络资源（桥的图片）
		4. 画画我眼中的桥	自主开发的园本课程	社会资源（村落里的桥）、网络资源（桥的图片）
		5. 村里的房子	自主开发的园本课程	社会资源（村落里的建筑）
		6. 我家在几组几号	自主开发的园本课程	网络资源（PPT课件）
		7. 认识青云手艺和手艺人*	自主开发的园本课程	社会资源（青云传统手艺及手艺人）
		8. 木梳创意画*	自主开发的园本课程	社会资源（木梳）
		9. 趣味糖画*	自主开发的园本课程	网络资源（糖画作品的图片和视频）、社会资源（糖画技艺及其传承人）
		10. 制作糖画*	自主开发的园本课程	网络资源（糖画制作视频）、材料资源（糖及制作糖画的工具）
		11. 搓绳	自主开发的园本课程	网络资源（搓绳视频）、社会资源（搓绳技艺及搓绳手艺人）

续表

主题名称	持续时间	活动名称	来源	主要资源
我爱青云	4周	12.箍桶*	自主开发的园本课程	园内资源（木桶）、社会资源（箍桶手艺及手艺人）
		13.青云方言和普通话的区别	自主开发的园本课程	文化资源（青云方言）
		14.你说我译	自主开发的园本课程	网络资源（青云方言音频）
		15.用方言夸夸自己	自主开发的园本课程	网络资源（青云方言音频）
		16.我心中的船*	自主开发的园本课程	网络资源（船模图片及制作视频）、社会资源（船模）
		17."蚊子叮"	自主开发的园本课程	网络资源（"蚊子叮"音频）
		18.我知道的青云美食	自主开发的园本课程	家长资源（填写美食调查表）
		19.神奇的面粉	自主开发的园本课程	材料资源（面粉）
		20.好吃的团子	自主开发的园本课程	自然资源（鼠曲草）、网络资源（团子制作视频）、家长资源
		21.鲜香的熏豆茶*	自主开发的园本课程	自然资源（毛豆）、材料资源（烘熏豆的工具）
		22.美味的爆米花	自主开发的园本课程	自然资源（玉米）

注：带*者是利用本书所谈资源开发的活动。

主题活动计划一览表 3

年度 2021—2022　　学期 第一学期　　执行日期 10 月 8 日—10 月 30 日　　年龄班 中班　　填表人 陆瑜姮

主题名称	持续时间	活动名称	来源	主要资源
好玩的木桶*	4 周	1. 认识箍桶	自主开发的园本课程	社会资源（箍桶厂）、网络资源（箍桶纪录片）
		2. 寻找箍桶手艺人	自主开发的园本课程	社会资源（箍桶手艺人）
		3. 箍桶的工具们	自主开发的园本课程	社会资源（制作木桶的工具）
		4. 参观木桶陈列馆	自主开发的园本课程	社会资源（木桶陈列馆）
		5. 木桶可以做什么？	自主开发的园本课程	网络资源（木桶的用途图片）
		6. 各种各样的木桶	自主开发的园本课程	家长资源（收集木桶）
		7. 大木桶	自主开发的园本课程	网络资源（手指游戏"大木桶"图片）
		8. 桶桶乐	自主开发的园本课程	材料资源（木桶）
		9. 小木匠	自主开发的园本课程	材料资源（积木）
		10. 美丽的木桶	自主开发的园本课程	材料资源（蜡笔）
		11. 大桶小桶	自主开发的园本课程	图书资源（绘本《大桶小桶》）
		12. 木桶里的美食	自主开发的园本课程	网络资源（木桶里的美食视频）、材料资源（木桶、面粉）
		13. 米桶和老鼠	自主开发的园本课程	材料资源（木桶、大米）
		14. 桶儿排排队	自主开发的园本课程	材料资源（木桶贴纸）
		15. 神奇的蓝色水桶	自主开发的园本课程	图书资源（绘本《神奇的蓝色水桶》）
		16. 木桶运水	自主开发的园本课程	材料资源（木桶、水箱、抹布）
		17. 木桶滚滚乐	自主开发的园本课程	材料资源（木桶）
		18. 木桶叠叠乐	自主开发的园本课程	材料资源（木桶）

注：带 * 者是利用本书所谈资源开发的活动。

主题活动计划一览表 4

年度 2021—2022　　学期 第一学期　　执行日期 11 月 22 日 –12 月 17 日　　年龄班 大班　　填表人 钱娟青

主题名称	持续时间	活动名称	来源	主要资源
木梳*	4周	1. 你知道的木梳	自主开发的园本课程	网络资源（各种木梳的图片、视频）
		2. 木梳制作大调查	自主开发的园本课程	家长资源（填写木梳调查表）
		3. 讨论木梳的材质	自主开发的园本课程	家长资源（收集木梳）
		4. 制订参观木梳手工坊计划	自主开发的园本课程	社会资源（桃源镇非遗文化馆）
		5. 参观准备	自主开发的园本课程	材料资源（纸、笔、手机）
		6. 问题清单（绘画）	自主开发的园本课程	材料资源（纸、笔）
		7. 分享交流	自主开发的园本课程	网络资源（参观的照片）
		8. 绘制流程图	自主开发的园本课程	材料资源（纸、笔）
		9. 讨论制作木梳的材料	自主开发的园本课程	网络资源（各种木梳、树木的图片）
		10. 讨论制作木梳的问题	自主开发的园本课程	材料资源（木梳制作流程图片、纸、笔）
		11. 制作"木梳"初体验	自主开发的园本课程	材料资源（硬纸板、双面胶、油画棒、勾线笔、剪刀）
		12. 讨论遇到的问题	自主开发的园本课程	材料资源（幼儿自制"木梳"作品）
		13. 邀请非遗传承人	自主开发的园本课程	社会资源（非遗传承人钮金良）
		14. 制作"木梳"的准备	自主开发的园本课程	材料资源（纸、笔、硬纸板、双面胶、油画棒、勾线笔）

续表

主题名称	持续时间	活动名称	来源	主要资源
木梳*	4周	15. 制订制作"木梳"计划	自主开发的园本课程	材料资源（纸、笔）
		16. 制作"木梳"	自主开发的园本课程	材料资源（硬纸板、泡沫、颜料、黏土、剪刀）
		17. 讨论遇到的问题	自主开发的园本课程	材料资源（幼儿自制"木梳"作品）
		18. 非遗传承人进课堂	自主开发的园本课程	社会资源（非遗传承人钮金良）
		19. 再次制作"木梳"	自主开发的园本课程	材料资源（泡沫、颜料、黏土）
		20. 木梳创意画	自主开发的园本课程	材料资源（纸、笔）
		21. 木梳包装盒	自主开发的园本课程	材料资源（纸盒、彩纸、剪刀、丝带）
		22. 讨论展示什么	自主开发的园本课程	材料资源（纸、笔、木梳成品、幼儿自制木梳作品）
		23. 讨论在哪里展示	自主开发的园本课程	材料资源（幼儿园的平面图、纸、笔）
		24. 讨论给谁展示	自主开发的园本课程	材料资源（纸、笔）
		25. 绘制木梳展海报	自主开发的园本课程	材料资源（各种海报、油画棒、颜料、笔、白纸、木梳成品）
		26. 推选主持人和邀请他人参观	自主开发的园本课程	材料资源（纸、油画棒、勾线笔）
		27. 我做木梳传承人	自主开发的园本课程	材料资源（木梳海报、桌子、布等）

注：带＊者是利用本书所谈资源开发的活动。

方案设计

主题活动方案

好玩的木桶（中班）

一、集体活动　认识箍桶

活动目标

1. 幼儿知道箍桶是本地的制作技艺。
2. 幼儿认识非遗传承人，并了解箍桶的历史及其用途。

活动准备

经验准备：幼儿对常见的木桶已有认知经验。

工具和材料投放：相机、箍桶和木桶的相关图片。

活动过程

（一）认识箍桶

1. 提问导入，初识箍桶。

教师通过提问的方式让幼儿说一说什么是箍桶。

【指导要点】教师引导幼儿初步了解箍桶是青云本地的传统技艺，箍桶是用铁箍将桶板捆在一起，让它们变成一个结实的木桶。木桶在中国已经使用了几千年。几千年前，因为制作金属和塑料的技术不成熟，所以人们都将木桶作为主要容器，用木桶来舀水、装食物、洗澡等，木桶一直都是

重要的生活用具。】

2.观看图片，认识本地箍桶匠。

师：这位爷爷在做什么？他是一名箍桶匠，你们想认识他吗？

【指导要点：教师通过图片引导幼儿初步认识箍桶，激发幼儿对于本地传统技艺的兴趣，同时让他们知道在青云本地有一位茅永根爷爷，他就是一位箍桶匠。】

(二)木桶种类知多少

观看图片，认识常见的木桶种类。

师：谁认识这些木桶？请你来介绍一下这些木桶吧。

【指导要点：在初识箍桶的基础上，教师以图片和视频的形式帮助幼儿知道木桶的分类。按用途分类：挑水用的是水桶，水桶一般有一个长长的手柄，用来手提，一般还会配一个水瓢，用来盛水；装油漆用的是油桶，油桶要小巧一些，两边有像小耳朵一样的提手，方便运油漆；农村打米用的是米桶，米桶有一个木盖子，盖住之后可以让饭冷得慢一点……】

(三)初识箍桶过程

1.观看视频，初步了解箍桶的过程。

教师播放箍桶视频，让幼儿初步了解箍桶的相关步骤。

2.教师根据相关图片向幼儿介绍箍桶过程：① 按需要的形状与尺寸，锯板取料；② 用斧头砍好已选取的料；③ 刨光内板；④ 起槽推缝；⑤ 做圆形底板；⑥ 环绕底脚拼板；⑦ 用竹钉或胶水固定；⑧ 上箍口（用竹箍，或者用铁丝或铁皮、铜皮箍）；⑨ 紧箍；⑩ 锯齐桶底，做好桶边；⑪ 刨光桶身；⑫ 在桶底、桶帮接合处塞麻丝油灰；⑬ 曝晒，再紧箍上桐油；⑭ 上漆、涂金或绘画。

【指导要点：教师边出示图片边引导幼儿了解箍桶步骤，通过通俗易懂的语言描述，让幼儿认识到箍桶主要分为14个步骤，以及每个步骤都是非常重要的。】

活动延伸

教师可在美工区投放一些剪开的纸杯,让幼儿尝试用毛根和纸杯"箍桶"。

活动反思

本次活动引导中班幼儿认识本土非遗资源——箍桶,激发幼儿对于箍桶的兴趣。教师以提问的方式让幼儿说一说自己知道的箍桶是什么。对于中班幼儿来说,这一环节还是有难度的,因为这一本土文化距幼儿们的生活认知有点远。随后教师出示了相关课件,通过图片和实物相结合的观察,让幼儿初步了解什么是箍桶,并在了解箍桶的基础上认识本地的箍桶匠。通过观看图片和视频,幼儿发现了箍桶的秘密:把几块木板拼起来,用一个铁圈箍紧,能制成一个可以使用的木桶。在此基础上,教师引导幼儿认识木桶的种类及木桶在生活中的使用,由此引发他们进一步探索箍桶步骤的兴趣。教师继续从图片入手,为幼儿讲解箍桶的步骤,结合多媒体动画演示,让箍桶的步骤更形象直观,化难为易,便于幼儿理解,有效地突出了重点,成功地突破了难点。当然,由于受限于箍桶工具、物质材料,幼儿无法很好地通过实物操作进一步了解箍桶的过程,这也是本次活动的不足之处。

(吴伟琴)

二、参观活动　寻找箍桶手艺人

活动缘起

前期幼儿参观了木桶陈列馆,也了解了制作木桶所需要的工具,但是对于木桶制作技艺及其传承人还不是特别了解。本次活动通过寻访手艺人,让幼儿更好地了解木桶制作的流程。

活动准备

经验准备：幼儿知道箍桶是青云的非遗手工艺。

工具和材料投放：视频、用于箍桶的半成品材料。

参观对象和内容

幼儿寻访手艺人，听手艺人讲解制作技巧，观看手艺人现场展示箍桶，知道制作过程中的注意事项。

参观前谈话

1. 师：关于箍桶，你们想知道什么？
2. 幼儿分组讨论关于箍桶最想知道的是什么，并制订相关参观计划。
3. 教师建议了解什么是非遗、箍桶手艺人是谁，以及箍桶有哪些步骤。

【指导要点：在参观前的准备过程中，教师可以引导幼儿讨论自己好奇的工具，带着问题去参观。考虑到中班幼儿的年龄特点，参观计划以口头计划为主，教师可辅以图示进行梳理。】

参观后汇总和讨论

1. 讨论：箍桶的传承人是谁？传统的制作方法是怎样的？现在的制作方法是怎样的？
2. 幼儿交流自己对于两种制作方法的看法。
3 与其他材质的桶相比，木桶的优缺点有哪些？

活动延伸

幼儿尝试使用半成品材料制作一个木桶。

（吴伟琴）

三、参观活动　箍桶的工具们

活动缘起

在了解了各种各样的木桶之后,幼儿很好奇这些木桶是怎么制作的,而幼儿园的木工坊正好是一个非常好的参观地点,在那里他们能近距离地了解制作木桶的工具。

活动准备

经验准备：幼儿讨论了想知道的木工工具知识,制订了参观计划。

工具和材料投放：手套、木工坊配套工具。

参观对象和内容

幼儿参观木工坊,认识木工坊里的工具,了解每种工具的使用方法及注意事项。

参观前谈话

1. 师：关于木工坊,你们想知道些什么?

2. 幼儿分组猜想木桶是怎么制作的及会用到什么工具。

3. 教师建议幼儿了解木工坊里有什么工具,木桶是怎么做成的,再仔细观察工具是什么样的,在使用工具时应该注意什么。

【指导要点：在参观前的准备过程中,教师可以引导幼儿讨论自己好奇的工具,带着问题去参观。】

参观后汇总和讨论

1. 集体讨论：木工坊里有什么工具? 制作木桶需要什么工具或材料? 木桶的制作流程、用途有哪些?

2. 分组讨论：木桶是怎么来的? 木头和铁箍是怎么变成木桶的?

3. 集体交流：木桶都销往哪里了？

活动延伸
幼儿在木工坊继续探索工具的用途，尝试自己制作小型的木工作品。

（吴伟琴）

四、参观活动　参观木桶陈列馆

活动缘起
箍桶是青云的非物质文化遗产，但多数幼儿不知道箍桶是什么，也不知道手艺人制作的木桶是什么样的。木桶陈列馆参观活动可以很好地满足幼儿的好奇心，让他们在观赏各种木桶的同时，对箍桶产生初步的认识。

活动准备
经验准备：幼儿和家长一起调查过木桶的一些用途。

工具和材料投放：木桶的图片和视频、形态不一的木桶。

参观对象和内容
幼儿参观木桶陈列馆木工坊，认识木桶陈列馆里的木桶。

参观前谈话
1. 师：关于木桶陈列馆，你们想知道些什么？

2. 幼儿分组讨论最想知道的是什么，并制订相关参观计划。

3. 教师建议了解：木桶陈列馆里有什么？各种木桶有什么区别？询问箍桶相关情况时应该注意什么？

【**指导要点**：在参观前的准备过程中，教师可以引导幼儿讨论自己好奇的箍桶是什么，以及箍好的桶是不是一样的等问题，带着问题去参观。】

参观后汇总和讨论

1. 集体讨论：在木桶陈列馆里你看到了什么样的木桶？除了木桶外，你还看到了什么？
2. 分组讨论：木桶为什么要做得不一样？

活动延伸

幼儿摆弄各种小型木桶，尝试制作小型木桶。

（吴伟琴）

五、调查活动　木桶可以做什么

活动缘起

前期幼儿认识了箍桶技艺的产物木桶，木桶的样式很多，但不同的木桶都有什么用途呢？幼儿带着好奇心对木桶展开初步调查，进而了解木桶在本地的常见用途及其他用途，在交流和讨论中提高表达能力，建构关于木桶的知识，感受木桶的有用和有趣。

活动准备

经验准备：幼儿见过或用过木桶。

工具和材料投放："木桶可以做什么"调查表、木桶。

调查对象和内容

幼儿向家人、教师或邻居了解木桶的不同样式及其多种用途。

调查前谈话

1. 师：你想问谁？怎么问？需要记录哪些信息？

2. 幼儿观察调查表，了解需要调查的具体信息，知道记录的位置和方法，以及如何用图示的方式记录必要的信息。

3. 教师提醒：可以向多人进行调查，可以在调查表上进行简单记录，也可以请家长帮忙拍照、录视频，尽量记录得详细一些。

调查后汇总和讨论

1. 集体讨论：有哪些样式的木桶？那些木桶的用途分别是什么？你用过什么样的木桶？它有什么用途？

2. 分组交流：幼儿讨论木桶还可以用来做什么，探索木桶的其他用途；通过绘画的形式表现木桶的其他用途；向同伴介绍木桶的其他用途。

3. 汇总小结：教师对"木桶可以做什么"调查表进行总结，并用思维导图的方式进行呈现。

活动附件

"木桶可以做什么"调查表

班级：_____   姓名：_____

木桶是吴江本地非物质文化遗产箍桶技艺的产物，它的样式很多。不同的木桶都有什么用途呢？请家长协助幼儿，用"绘画＋文字"的方式进行记录。	

（吴伟琴）

六、收集活动　各种各样的木桶

活动缘起

前段时间，教师从家里带来了一个形状特别的粉桶，幼儿对这个很大却很浅的粉桶十分感兴趣，他们围着粉桶摸一摸、看一看、说一说。有人提出自己家里也有桶，但是和老师带来的不一样，基于幼儿的疑问，木桶收集活动开始了……

活动准备

经验准备：教师在活动前与家长取得联系，请家长向幼儿介绍生活中的各种木桶。

工具和材料投放：在科学区陈列幼儿收集到的各种木桶，办一个木桶展览。

收集对象和内容

幼儿去幼儿园或乡下的家里收集形状、大小不同的木桶。

收集前的谈话

1. 我们可以去哪里寻找、收集各种木桶？

2. 幼儿园里有木桶吗？如果有，那些木桶是做什么用的？家里的木桶都是什么形状的？它们是做什么用的？

3. 办展览需要收集多少木桶？

4. 木桶和塑料桶有什么不同？

收集后的汇总、展示、交流和讨论

1. 幼儿布置展示柜。

2. 幼儿展示收集到的各种木桶。

3. 幼儿介绍自己找到的木桶及其作用。

4. 幼儿了解箍桶的步骤。

活动延伸

开展绘画活动"装饰我的木桶"。

活动附件

木桶大收集

木桶	数量	收集地	收集人
(木桶图)			
(木桶图)			
(木桶图)			
(木桶图)			

（吴伟琴）

七、生活环节渗透　大木桶

活动缘起

经过几周的活动，幼儿已经初步获得了木桶制作工具、常见的木桶种类、木桶中的美食等相关经验。晨间谈话时，他们对"木桶能不能玩"产生了疑问。于是，老师开始思考有没有什么关于木桶的游戏可以让幼儿玩一玩。玩木桶或许可以增加幼儿对木桶的了解。经过讨论，大家一致决定先创编一个关于木桶的手指游戏，并在午餐前一起玩一玩。

活动准备

经验准备：幼儿有玩手指游戏的经验。

工具和材料投放：各种木桶的图片。

活动内容和方式

在午餐前，教师通过出示木桶的图片，引导幼儿复习木桶的形状知识，说一说"木桶有一个圆圆的身体，木桶上面有一个盖子"。教师配以好听的音乐进行手指游戏的整体展示，让幼儿在音乐中学习手指游戏。学会的幼儿可以当"小老师"，教一教还没有学会的幼儿。

【指导要点：教师须重点指出"盖上有个孔"。此动作需要幼儿迅速将右手的食指和中指分开，大部分幼儿学会之后，可分组自由练习，教师巡回指导。】

活动延伸

幼儿在表演区进行"大木桶"的游戏表演。

活动附件

手指游戏儿歌

手上有个大木桶，（左手手掌弯曲成桶状）

木桶上面有个盖，（右手平盖在左手上）

盖上有个孔，（右手食指和中指稍分开）

让我看看有什么，（看看小孔）

原来躲着毛毛虫。（左手食指穿过孔，做蠕动状）

（吴泽众）

八、集体活动　桶桶乐

活动目标

1. 幼儿初步认识木桶，了解木桶的不同用途，愿意探索木桶的不同玩法。
2. 幼儿愿意参与户外活动，在活动中情绪稳定、愉快。

活动准备

经验准备：幼儿对木桶有初步的认识。

工具和材料投放：不同形状、大小的木桶若干。

活动过程

（一）了解木桶的用途

教师出示收集到的各种各样的木桶，引导幼儿观察。

（1）教师引导幼儿观察现有的木桶，为幼儿之后探索木桶的不同玩法做准备。

（2）教师可根据木桶的形状和大小介绍一些木桶的简单用途，帮助幼儿丰富生活经验。

【指导要点：教师重点引导幼儿观察木桶的不同之处，帮助幼儿初步认识不同木桶在生活中的不同用途。】

（二）探索木桶玩法

教师引导幼儿自主尝试使用木桶做游戏。

【指导要点：在幼儿初次尝试使用木桶做游戏之后，教师可进行适当总结，帮助幼儿巩固这一环节所获得的经验。如可以将木桶作为障碍，和小伙伴们玩接力赛，还可以走在木桶上面、跳跃过木桶、滚木桶、敲木桶、垒高木桶等，总之可以用木桶玩的游戏有很多。】

（三）大家一起玩

1. 绕障碍走。

幼儿按间隔距离将木桶排成长队，幼儿一起绕障碍走。

2. 跳跃。

幼儿既可以跳跃有一定间隔的木桶，又可以将木桶垒高进行跳跃，锻炼弹跳能力。

3. 滚动木桶。

幼儿每人一个木桶，进行比赛，看谁的木桶滚得远，锻炼手部力量及协调能力。

4. 走梅花桩。

将木桶摆成梅花桩，幼儿在上面走，锻炼平衡能力。

5. 垒高。

幼儿分组进行搭建游戏，看哪组的木桶垒得高，培养合作能力。

【指导要点：在活动过程中，教师须时刻关注幼儿，保证幼儿游戏的安全性，并给予幼儿充分的自主探索时间，让幼儿在自主探索中获得更多的游戏经验，提升幼儿的自主游戏水平。】

（四）放松活动

教师带领幼儿做一些拉伸运动，帮助幼儿放松身体，同时给幼儿结束游戏的信号。

活动延伸

教师与幼儿一起制作"桶桶乐"活动展板，在展板上放置游戏照片，并为木桶游戏取一些好听的名字。

活动反思

从认识、收集各种木桶，到以木桶为游戏材料开展活动，我们给木桶赋予了新的意义。《纲要》指出："用幼儿感兴趣的方式发展基本动作，提高动作的协调性、灵活性。"本次活动联系幼儿生活实际，从生活中选材，以木桶作为幼儿活动的主要材料，创编出各种不同的游戏玩法，大大激发了幼儿对于木桶的兴趣，并在轻松活泼、生动有趣的活动氛围中激发了幼儿的探索欲望。在活动中，教师始终以幼儿为主体，充分尊重其自主性，将课程资源融入体育运动，让幼儿在与木桶的交互活动中产生新的想法，并能主动和同伴一起尝试新的游戏玩法。

在整个活动中，幼儿参与的积极性较高，但问题也很明显，即教师对幼儿的年龄特点与学习能力考虑不足。比如，活动的重难点是探索木桶的多种玩法，但由于木桶材料的特殊性，幼儿能玩的木桶不多，经验相对来说不够丰富，因此一开始很多幼儿看着木桶有一些无措，不知道该怎样玩木桶。针对这一问题，教师可以在活动开始前多加引导，也可以给幼儿观看相关活动视频，丰富幼儿的前期经验，以便更顺利地开展活动。

（吴泽众）

九、集体活动 小木匠

活动目标

1. 幼儿能理解图谱，并听着音乐有节奏地表演。
2. 幼儿乐于用肢体动作表现木匠的劳动场景，感受表演的乐趣。

活动准备

经验准备：幼儿对工匠做工有初步的了解。

工具和材料投放：《小木匠》音乐的 PPT 课件、图谱。

活动过程

（一）学做小木工

1. 播放木工叔叔劳动视频并配上《小木工》音乐的 PPT 课件。

2. 幼儿观察众多劳动工具，找出木工叔叔的劳动工具。

师：木匠叔叔用了哪些工具呢？这些工具在使用过程中会发出什么声音呢？

3. 幼儿听音乐创编动作。

师：今天我们也来当一回小木匠好吗？你会用什么工具来做木工呢？请你听着音乐用动作告诉我。

【指导要点：幼儿观察同伴创编的各种动作，学一学一些精彩的动作。】

（二）理解图谱，尝试表演律动

1. 师：有的用锤子敲钉子，有的用锯子锯木头，有的用刷子刷桐油。小木匠们，你们累不累啊？我看出来了，小木匠们工作时真快乐，真是一个个快乐的小木匠。木匠叔叔看见了，很想跟你们说几句话，我们来听听他说了什么。

2. 再次观看视频。

（1）木匠叔叔：小朋友们，做小木匠可不是很容易的哦，我在敲钉子、锯木头、刷桐油时是有秘密的哦。你们可要仔细地听，认真地看。

（2）教师边出示图谱边解释，配上相应的工具图。

（3）师：这些工具做木工的速度一样吗？哪个慢，哪个快？

（4）师：这些工具的使用顺序是怎样的呢？

（三）完整欣赏音乐，感知音乐节奏与图谱的匹配情况

1. 教师完整示范。

2. 幼儿调整工具顺序，完善图谱。

3. 幼儿尝试跟着音乐、看着图谱完整表演律动。

【指导要点：教师引导幼儿模仿动作，并模仿声音。】

（四）游戏"团团转"

游戏玩法：在场地中间放置锤子、锯子、刷子的图片，幼儿分成三组，分别站在三张图片的后面；音乐开始，幼儿按木匠工作的顺序轮流表演相应动作，间奏时，幼儿按箭头方向换工具，游戏继续。

活动延伸

幼儿在表演区用不同的打击乐器表现音乐节奏。

活动反思

本次活动来源于主题活动，在幼儿了解木匠工作的基础上，将木匠做工的各种动作融入音乐律动，让幼儿进行肢体表现。歌词生动形象，曲调欢快流畅，展示了木匠劳动的愉快场面。教师为了帮助幼儿体会和理解歌曲，进而了解和体验木匠生活，采用了实践与教学相结合的形式，将游戏融入其中，增强幼儿的动作协调能力和对节奏的敏感性，从而体现"玩中学"的教学理念。

（吴泽众）

十、区域活动　美丽的木桶

经验联结

幼儿在生活中收集了各式各样的木桶，但由于木桶作为一种生活用品，其外形、颜色比较单一，所以大家觉得它们不好看，由此萌发了想要设计一款自己喜欢的木桶的想法。结合《指南》艺术领域的表现与创造目标1"喜欢进行艺术活动并大胆表现"，教师将各式各样的木桶轮廓图投放在美工区，让幼儿利用自选材料进行木桶装饰。

活动目标

1. 幼儿学习用压印、粘贴、缠绕等方式装饰木桶。
2. 幼儿体验自主创造的乐趣。

活动准备

经验准备：幼儿对胶水、剪刀、印章等的使用有一定的经验基础。

工具和材料投放：各种各样的木桶画纸、印章、彩绳、毛线、彩泥、胶水、剪刀、水粉颜料、棉签等。

活动内容

幼儿自主选择合适的材料，用压印、粘贴、缠绕等方式装饰木桶。

活动要求

1. 幼儿根据需要挑选合适的装饰材料。
2. 幼儿灵活、协调地对一些材料进行揉搓、拓印、剪贴。
3. 幼儿能够将立体的材料固定住，使其不易掉落或散开。

指导要点

1. 教师指导幼儿根据材质、颜色、大小、特性等特点选择材料。

2. 教师指导幼儿灵活控制自己的手部动作，完成各种操作。
3. 教师指导幼儿在操作时进行再加工，以更好地达到固定效果。

活动延伸

教师在游戏区的"超市"增设"生活物品区"，幼儿"推销"自己的创意木桶。

（吴泽众）

十一、集体活动　大桶小桶

活动目标

1. 幼儿观察图片，理解故事内容和故事情节的发展。
2. 幼儿尝试用自己的语言讲述与同伴合作的经历。

活动准备

经验准备：家长已带领幼儿观察过大木桶和小木桶。

工具和材料投放：绘本《大桶小桶》、音乐、各种木桶的图片。

活动过程

（一）自主阅读绘本，初步了解故事内容

1. 师：你在绘本中发现了什么？绘本中出现了哪些小动物？（棕熊妈妈、棕熊宝宝多多和拉拉）它们在做什么？（两只棕熊宝宝在用水桶打水）
2. 师：两只棕熊宝宝遇到了什么问题？

（二）再次阅读绘本，理解故事内容

1. 师：棕熊宝宝遇到了什么问题？如果你是棕熊宝宝，你会怎么做？最后棕熊宝宝是怎样给水缸装满水的？

2.集体讨论：什么是合作？什么时候可以合作？应该怎样合作？

（三）跟随音乐再次完整阅读绘本

活动延伸

师：小朋友们，我们也一起用木桶运一运水吧，不要忘记可以和你的小伙伴合作哟！

活动反思

怎样教中班幼儿合作？比起生硬地讲述"什么是合作""要学会合作"，绘本通过生动的形象、有趣的情节，让幼儿知道了遇到问题时不要害怕、退缩，大家可以一起想办法解决问题。随着一次次阅读绘本并理解绘本内容，幼儿知道了一个人完不成任务时可以和别人一起完成，知道了一个人的力量小而两个人的力量大，知道了可以通过与别人合作解决很多问题，等等。这也许就是合作意识的萌芽。尤其通过后面的延伸活动，每一位幼儿亲身体验了和同伴合作成功的喜悦，在快乐的游戏中获得成长。

（吴泽众）

十二、劳动活动　木桶里的美食

活动缘起

大大的、扁扁的粉桶一直被闲置在活动室的一角，幼儿看了看、摸了摸后只是获得了对它的结构的认知，并不能真正理解它的本质价值。一天早上，田田带来了一块糕点，告诉老师这是她的奶奶做的。她还走到粉桶前说她的奶奶是在这个大木桶里做的糕点……于是，教师想在幼儿园里试一试，让幼儿亲身体验在木桶里做出美食的快乐。

活动内容

通过出示图片和视频，教师引导幼儿了解一些可以在木桶中做出的美食及本土饮食文化；指导幼儿通过搓、揉、搅拌等方式尝试在木桶里将糯米粉揉成粉团，并用搓圆的方式将粉团制作成汤圆；指引幼儿通过品尝汤圆，体验与同伴一起动手制作美食的乐趣。

活动前谈话

师：家里的大人是怎样将糯米粉变成粉团的？糯米粉变成粉团后为什么需要用到木桶？怎样才能做出大小一样的汤圆？

活动中的巡回指导

教师引导幼儿根据步骤图尝试揉一揉粉团，提醒幼儿在揉粉团的过程中注意安全，避免将糯米粉弄到其他幼儿的脸上。制作完成后，教师引导幼儿主动整理制作工具。

活动后交流和讨论

1. 集体讨论：你是怎样揉粉团的？你在揉粉团的过程中有没有遇到什么困难？你觉得除了可以制作汤圆外，揉好的粉团还可以用来做些什么？

2. 分组交流：幼儿通过绘画的形式表现自己制作木桶美食的过程；幼儿和同伴分享自己揉粉团的经验和方法。

3. 汇总交流：教师用图片展示的方式引导幼儿谈谈制作木桶美食的过程。

活动延伸

品尝汤圆之后，教师在班内举行木桶美食分享会，让幼儿分享自己在制作木桶美食过程中的感受，或品尝自制木桶美食之后的心情。

（吴泽众）

十三、集体活动 米桶和老鼠

活动目标

1. 幼儿熟悉歌曲旋律，能听辨音的高低、强弱。
2. 幼儿尝试创编动作，乐意在集体面前用肢体动作表达对音乐的感受。

活动准备

经验准备：幼儿了解老鼠的生活习性，认识米桶。

工具和材料投放：捣米棍一条（卡纸制作）、老鼠头饰若干。

活动过程

（一）游戏准备

四五个幼儿围成"米桶"。一个幼儿拿着捣米棍蹲在"米桶"中做睡觉姿势，其余幼儿在"米桶"周围围成一个大圆圈，并蹲下扮演"小老鼠"。

【指导要点：教师引导幼儿模仿老鼠的姿态，与同伴一起游戏。】

（二）听乐曲一

教师带领"小老鼠"边轻声唱歌边根据歌词创编动作，表现出偷偷摸摸的样子。幼儿唱到"钻呀钻啊"时往"米桶"钻，唱"钻破米桶"时两手轮流作抓粮食状，唱"粮食偷到啦"时所有老鼠表演开心的动作。

【指导要点：教师播放PPT课件，通过看图谱和听音乐，引导幼儿用相应的动作表现歌词内容，培养幼儿的音乐表现力。】

（三）听乐曲二

1. "小老鼠"跑回自己的"洞"里（座位前）蹲下，拿捣米棍的幼儿听着音乐按节拍往"米桶"里捣米。捣"米桶"的幼儿半蹲，按音乐节拍跺脚，慢慢转圈，到9—14小节时四处巡视，抓身体动了的"老鼠"，被抓的"老鼠"站到一边，游戏结束。

【**指导要点：**教师引导幼儿掌握游戏规则，根据音乐的节奏和歌词的变化做游戏。】

2. 教师交代游戏规则：扮演老鼠的幼儿听到乐曲二后跑回"洞"里。

（四）总结交流

1. 师：你们刚才都跟着音乐一起玩了"米桶和老鼠"的游戏，有谁想上来表演一下，边做动作边唱歌呢？

2. 师：你最喜欢谁的表演？为什么？（引导幼儿说出理由）

【**指导要点：**在交流的过程中，教师需要借助图片、视频等帮助幼儿了解相应的知识。】

活动延伸

幼儿在表演区继续创编不同的表演动作，巩固对音乐的感知和理解。

活动反思

《纲要》指出，教师要"引导幼儿接触周围环境和生活中美好的人、事、物，丰富他们的感性经验和审美情趣，激发他们表现美、创造美的情趣"。本次活动利用木桶这一本土资源，将其作为音乐游戏中的道具，让幼儿从不同的角度认识木桶的用途，尝试用木桶玩游戏。这不仅丰富了音乐活动的形式，还培养了幼儿的发散性思维。活动借助多媒体课件中的图谱帮助幼儿直观、形象地学习和理解歌曲，并以游戏情境贯穿活动始终，让幼儿在轻松、愉悦的氛围中学习。

活动附件

米桶和老鼠

乐曲一
1=D 3/4
中速 轻快地

5 5 5 — | 5 5 5 — | 3 3 1 2 3 5 | 2 — — |
吱吱吱—   吱吱吱—   来了 一只小老 鼠啊—

6 6 1 2 3 | 1 — — | 3 3 3 3 | 5 5 2 3 |
东瞧瞧西看 看 呀 — 钻呀钻啊   钻破米桶

5 5 5 5 | 6 6 3 5 | 1 1 6 1 2 | 3 3 0 |
钻呀钻啊 钻破米桶 粮食偷到啦 嘿嘿！

2 0 2 3 | 1 — — ‖
偷 到   啦

乐曲二
1=C 2/4
低沉地

2 2 | 1 — | 6 6 | 3 — | 7 6 |

5 6 | 1 7 | 6 7 | 2716 5 | 2716 5 |

5 0 | 5 0 | 6 — | 6 0 |

（虞琼敏）

十四、集体活动 桶儿排排队

活动目标

1. 幼儿尝试将两种物体按一定规律排序，初步掌握两种物品的不同排序规律和方法。
2. 幼儿喜欢不同的排序游戏，体验排序在生活中的运用。

活动准备

经验准备：幼儿有简单的排序经验。

工具和材料投放：图片3组（大小不同的木桶、颜色不同的木桶、有提手和没提手的木桶）、幼儿操作材料《下面应该排什么》。

活动过程

（一）出示图片，了解排序

师：今天有许多木桶想要和小朋友们一起玩排队的游戏，我们一起来看一下它们排的队伍有什么不一样？

1. 出示第一组图片：教师请幼儿观察图片，可以发现木桶是按照大小排列的，并通过幼儿回答、教师操作的方式，请幼儿按照大小对木桶进行排序。

2. 出示第二组图片：教师请幼儿观察图片，可以发现木桶是按照颜色（黄、红）排列的，并通过幼儿自主操作的方式，使幼儿更好地按照颜色对木桶进行排序。

3.出示第三组图片：教师请幼儿观察图片，可以发现木桶是按照有无提手排列的，并通过幼儿当"小老师"进行演示的方式，请幼儿讲解排序的方法。

小结：我们把木桶按照一个大一个小、一个黄一个红、一个有提手一个没有提手的顺序放置的方法叫排序。

【**指导要点**：在观察的过程中，教师要引导幼儿用语言表达自己观看图片时的一些发现（如大小、颜色、有无提手等），鼓励幼儿用动手操作、当"小老师"进行演示等方法来表达自己对于排序的认识。】

（二）进行操作游戏，巩固排序知识

1.幼儿按照排序的方法在《下面应该排什么》练习纸上进行排序练习，教师进行指导。

2.教师点评。

3.幼儿玩排队游戏。

师：现在请大家按一个男孩、两个女孩的方法排队。

【指导要点：在进行游戏的过程中，要巩固幼儿对于排序知识的掌握。同时，在排队游戏中，要增强幼儿对于多种排序方式的思考能力。】

活动延伸

教师在益智区提供大小、颜色不一的纸盒、球、积木等，请幼儿根据大小、颜色、形状等对其进行组合排序。

活动反思

《指南》指出："成人要善于发现和保护幼儿的好奇心，充分利用自然和实际生活机会，引导幼儿通过观察、比较、操作、实验等方法，学习发现问题、分析问题和解决问题；帮助幼儿不断积累经验，并运用于新的学习活动，形成受益终身的学习态度和能力。"在活动中，教师首先为幼儿提供了图片，让幼儿观察、感知木桶的大小和颜色区别，在操作的过程中发现"A、B、A、B"排列规律，从而激发幼儿进一步探究的欲望。此外，在活动过程中，教师通过实际操作情况和图片的对比，让幼儿发现排序的正误，在鼓励幼儿积极尝试的同时，把幼儿作为活动的主体，让他们去发现、去质疑、去讲解，以此让幼儿在获得新知识的同时获得满足感。进行操作活动时，通过纸上内容理解、亲身实践两种游戏形式，让幼儿的经验得到进一步提升。

本次活动是借助木桶开展的，让幼儿接触到了家乡的非物质文化遗产，可谓是抛砖引玉。幼儿有必要了解本地的一些特色文化及文化产物。在今后的活动中，要尽可能对这些资源进行深入开发。

（虞琼敏）

十五、集体活动 神奇的蓝色水桶

活动目标

1. 幼儿喜欢听故事，愿意看图片并用自己的语言讲述故事内容。
2. 幼儿理解故事内容，知道"神奇"一词的含义。

活动准备

经验准备：幼儿对木桶有初步的了解。

工具和材料投放：绘本《神奇的蓝色水桶》PPT 课件、从小到大的 6 个蓝色水桶的图片。

活动过程

（一）出示 PPT 课件，展示绘本封面，导入活动

师：故事里有谁？（引出故事的主角：神奇的蓝色水桶）"神奇"是什么意思？

（二）观察图片，讲述故事

1. 教师讲故事，幼儿听故事。

2. 教师引导幼儿回忆故事的内容。

（1）妮妮把脚放进了水桶，发生了什么事情？

（2）妮妮觉得水实在是太舒服了，她忍不住怎么样了？

（3）最后发生了什么事情？

（4）为什么说这个水桶是神奇的？

（5）神奇的蓝色水桶一共变了几次呢？

3. 教师再次讲述故事。

（1）教师再次讲述故事，引导幼儿理解故事结构。教师引导幼儿逐次说出水桶的变化，并在

黑板上贴上相应图片。

（2）师幼一起完整讲述故事。教师引导幼儿根据黑板上水桶变化的次数，尝试完整讲述故事。

【**指导要点：**教师用充满童趣的声音讲故事，吸引幼儿认真听，发展幼儿的倾听能力。教师引导幼儿根据图片大胆讲述故事，感受蓝色水桶慢慢变大后，最终变回原样的神奇，理解"神奇"一词的含义，发展幼儿的语言表达能力。】

（三）兴趣延伸

教师引导幼儿大胆猜想，如果自己有这样一个神奇的水桶会发生什么神奇的故事。

活动延伸

幼儿在美工区用不同的材料制作属于自己的神奇水桶。

活动反思

我们围绕生活中常见的水桶，开展了一次有趣的语言活动。幼儿对故事的兴趣极高，最吸引他们的就是水桶的"神奇"。中班幼儿想象力丰富，所以一切能变化、奇怪、神奇的东西都会吸引他们。幼儿能认真听故事，理解故事内容，并根据图片讲述故事，同时幼儿的倾听能力、想象力和语言表达能力都得到了发展。

活动附件

神奇的蓝色水桶

刚刚下过一场雨，妮妮来到公园里，看到一个蓝色的水桶。水桶里装满了水，妮妮轻轻把手伸进去试了试："真舒服！"她又把脚伸进去："哎呀——"水桶变大了一点点。这回，妮妮试着坐进水桶里，水桶又变大了。"好像浴缸一样！"她哗啦哗啦地洗了洗脸。然后，妮妮哧溜伸出腿，水桶也哧溜变大了。这个时候，妮妮的好朋友鲁鲁来了。"多好玩啊，我也要进去！""好啊！"水桶又变大了。过了一会儿，朋友们一个接一个地跑过来，一起跳进了水桶里。水桶越变越大，越变越大……

水桶里面好热闹啊！突然，水桶里哗啦钻出一条、两条、三条、四条鲸鱼。"一起玩吧！"它们说。妮妮和她的朋友们也说："好啊，好啊！一起玩吧！"水桶又变大了。"啊，不得了啦！"嘣！水桶倒了下来，变成了原来的小水桶。大家不能再玩水了。

大家都回去了，只剩下一片小水洼和一道彩虹。

[出处：绘本《神奇的蓝色水桶》（新世纪出版社），有改动]

（虞琼敏）

十六、区域活动　木桶运水

经验联结

前期幼儿认识了各式各样的木桶，也有用木桶玩各种游戏的经验，但他们还想用木桶玩其他游戏。结合《指南》科学领域的科学探究目标 1-2 "常常动手动脑，探索物体和材料，并乐在其中"，教师希望继续利用木桶资源，让幼儿在实际探究中通过观察、比较、操作、实验等方法，了解木桶的大小和运水量之间的关系，提升幼儿发现问题、分析问题的能力。

活动目标

1. 幼儿知道木桶的大小不同，其所运的水的多少也不同。
2. 幼儿能积极进行探索，乐意表达自己的发现。
3. 幼儿喜欢木桶运水游戏，能充分体验活动的快乐。

活动准备

经验准备：幼儿有用器皿玩水的经验。

工具和材料投放：两个大小相同的透明水箱、大小不同的木桶若干、记录表、抹布。

活动内容

幼儿尝试用两个大小不同的木桶分别把水运到两个大小相同的透明水箱中。

活动要求

1. 幼儿在做游戏时要用心观察，并做好相应的记录。
2. 幼儿在用木桶运水时不能把水洒在自己或他人的衣服上，保持衣物整洁。
3. 游戏结束后，幼儿把材料放回原位并整理好。

指导要点

教师引导幼儿发现，在运水次数相同的条件下，大木桶的运水量大，小木桶的运水量小。

活动延伸

幼儿尝试用不同大小的木桶进行运水比赛。

活动附件

木桶运水记录表（绘画方式）

运水次序	大木桶	小木桶
第一次		
第二次		
第三次		
汇 总		

（虞琼敏）

十七、生活环节渗透 木桶滚滚乐

活动缘起

在"好玩的木桶"主题活动中,幼儿的兴致很高,喜欢用自己的身体自由探索木桶的不同玩法,并在活动中发现了木桶玩法的多变性。因此,我们决定在晨间锻炼环节将木桶作为体育游戏的器械,让幼儿体验体育活动的乐趣。

活动准备

经验准备:幼儿对木桶已有基本的认识。

工具和材料投放:大小不同的木桶。

活动内容和方式

在晨间锻炼环节,将木桶作为可以滚动的器械,让幼儿尝试用双手滚动木桶,探索使木桶滚起来的方法。

活动中的指导

在准备过程中,教师引导幼儿讨论什么样的物品是可以滚动的,以及可以用什么办法滚动,让幼儿带着问题去游戏。

【注意事项:在游戏中,教师引导幼儿注意安全,并遵守游戏规则。】

活动延伸

幼儿回家后和家长一起找找还有哪些东西可以滚动。

(虞琼敏)

十八、集体活动　木桶叠叠乐

活动目标

1. 幼儿了解木桶平放易滚动的特性，尝试将木桶叠得又高又稳。
2. 幼儿能主动探索、思考，运用不同的技巧搭建出不同样式的"大房子"。
3. 幼儿喜欢参加建构活动，能充分体验活动的乐趣。

活动准备

经验准备：幼儿有搭建的经验。

工具和材料投放：无提手的小木桶若干。

活动过程

（一）情境导入，激发兴趣

情境：猪妈妈有好多小宝宝，现在小宝宝们都长大了，它们的房子再也住不下了，猪妈妈想用木桶给猪宝宝们盖一个大一点的房子。

搭建材料：木桶。

（二）幼儿初次实践

1. 教师介绍用木桶搭建房子的多种放置方法，如正放、倒放、平放。
2. 教师让幼儿和伙伴一起尝试用小木桶给猪宝宝们搭建"大房子"。
3. 师幼共同讨论木桶平放易滚动问题的解决办法。

【指导要点：在搭建"大房子"时，教师要引导幼儿关注木桶平放易滚动的现象，鼓励幼儿想办法使木桶稳固，并用拍照或拍视频的方式记录下来，作为问题再现的依据。教师引导幼儿运用不同的方法稳固木桶，使"房子"变牢固，让幼儿在探究中思考，并发展初步的探究能力。】

（三）幼儿再次实践

1. 教师鼓励幼儿大胆想象并规划，为猪宝宝们建构不同样式的"大房子"。

2. 教师引导幼儿进行第二次搭建。

【**指导要点**：在搭建前，教师要引导幼儿规划好"大房子"的样式，如两层的、三层的、高一点的，有院子的等，让幼儿有目的地进行建构。在幼儿搭建时，教师要认真观察，引导幼儿注意稳固木桶，同时运用不同的技巧搭建不同样式的"大房子"，让幼儿在实践中了解数量及数量关系，并用拍照的形式把作品记录下来，作为讲解时的参考依据。】

（四）作品评价

教师出示幼儿搭建的作品照片，引导幼儿讲解搭建"大房子"的方法和技巧。

（五）活动小结

教师肯定幼儿的搭建作品，对幼儿的表现予以鼓励，并总结搭建牢固"大房子"的方法和技巧。

活动延伸

教师把木桶投放在建构区，供幼儿搭建各种各样的建筑，开展多样化的建构活动，发展幼儿的思维能力和建构能力。

活动反思

《纲要》指出，城乡各类幼儿园应"充分利用自然环境和社区的教育资源，拓展幼儿生活和学习的空间"。本次活动利用了本土的非物质文化遗产资源箍桶。用木头箍出来的桶是各式各样的，于是我们选择了适合幼儿搭建的无提手木桶，让幼儿尝试进行建构探究活动。在活动中，幼儿发现由于木桶的形状特殊，正放和倒放时很稳固，而平放时会出现滚动的现象，导致搭建的作品易松动、不牢固。为了解决这一问题，幼儿积极思考、动手动脑，运用不同方法解决问题。

幼儿还运用了不同的搭建技巧,通过直接感知、实际操作、亲身体验,形成了内在的认知体系,将课程资源转化成了相关经验。对课程资源的关注不应只停留在资源的获得、建设等方面,更应注重幼儿对课程资源的主动挖掘、自主学习等,让幼儿以"全参与"的姿态深入课程资源开发、利用的各个环节、动手操作、主动建构,真正实现深度学习和自我成长。

（虞琼敏）

系列活动方案

风枵茶（小班）

一、集体活动　认识风枵茶

活动目标

1. 幼儿初步了解风枵茶的制作过程,知道风枵茶是从哪里来的。
2. 幼儿观察风枵茶泡水后的变化。
3. 幼儿在活动中获得愉快的情感体验。

活动准备

经验准备：幼儿知道风枵茶。

工具和材料投放：风枵茶、茶杯、风枵茶相关内容PPT课件。

活动过程

1. 幼儿品尝风枥茶（干吃、泡茶），说一说风枥茶的颜色、味道及是用什么做的。

【**指导要点**：幼儿品尝的时候，教师提醒幼儿不要被烫到，引导幼儿在喝之前先吹凉风枥茶，培养其生活能力。】

2. 幼儿讨论喝风枥茶的感受。

3. 幼儿观察、比较各种口味的风枥茶的颜色、味道有什么不同。

4. 幼儿讨论风枥茶是从哪里来的。

【**指导要点**：幼儿自由讨论，教师引导幼儿大胆地说出来，培养其语言能力。】

5. 讨论：你从风枥茶制作PPT课件里看到了什么？风枥茶泡水后会有哪些变化？

活动延伸

关于风枥茶的由来，还有许多有趣的故事。幼儿回家后让家长帮助查找资料，回园后讲讲风枥茶的故事。

活动反思

本次活动利用了本土的非物质文化遗产资源风枥茶。幼儿在活动中了解了风枥茶的不同口味及风枥茶文化，体会到了泡茶、品茶的乐趣，同时增强了对家乡的自豪感。在让幼儿认识风枥茶时，教师将实物与PPT课件很好地结合在一起，使幼儿的印象更深刻。

（陆新芬）

二、收集活动　做风枵茶的工具

活动缘起

班上开展了风枵茶品尝活动,幼儿对甜甜的风枵茶很感兴趣,都想要自己做一做,但是幼儿园缺少做风枵茶的工具。为了满足他们的愿望,教师决定开展一次收集活动。

活动准备

经验准备:幼儿看过做风枵茶的视频,梳理过做风枵茶的工具和步骤。

工具和材料投放:所需工具记录表。

收集对象和内容

幼儿在幼儿园或乡下的家里收集制作糯米锅巴所需要的大灶、铲子、电饭锅、沥水篮等物品。

收集前的谈话

问题:

1. 我们可以去哪里收集各种工具?

2. 哪些工具可以在幼儿园里找到?哪些工具可以在家里找到?

3. 每种工具需要收集多少才够?怎样进行任务分配?

4. 如何对收集到的工具进行区分?

收集后的汇总、展示、交流和讨论

1. 教师布置展示柜。

2. 教师展示收集到的工具。

3. 幼儿介绍自己找到的工具及其用途。

4. 幼儿商讨做糯米锅巴时工具的使用顺序。

活动延伸

开展做风枵茶活动。

（金语默）

三、劳动活动 我来做杯风枵茶

活动缘起

前期幼儿已经收集了做风枵茶的相关工具和所需要的材料，观看并了解了风枵茶的制作过程，知道要把风枵茶的主要材料糯米洗好、蒸熟。于是，幼儿开始做起了风枵茶。

活动内容

教师指导幼儿把糯米清洗干净后放进电饭锅，将其蒸熟，然后取一小块煮熟的糯米放进烧烫的大锅，并将其在热锅壁上抹成薄薄一层。等到糯米变成锅巴片后，将它们铲下来放在一旁备用，即为风枵。准备一个杯子，把风枵放进去，放入适量的白糖，最后用热水冲泡，一杯香甜可口的风枵茶就做好了。

活动前谈话

1. 问题：你知道什么是风枵茶吗？

2. 问题：风枵茶是怎么做的？需要哪些材料？需要哪些工具？

3. 请幼儿分享制作风枵茶的经验。

活动中的巡回指导

教师引导幼儿把糯米淘净、浸透，并在家长的帮助下，在干燥滚烫的锅壁上摊制富有黏性的锅巴，制成风枵。

活动后的交流和讨论

1. 集体讨论：你是怎么制作风枵的？泡风枵茶需要哪些材料？冲泡风枵后，它会发生哪些变化？味道怎么样？

2. 分组交流：幼儿用绘画的形式表现风枵的制作过程，和同伴分享自己泡制风枵茶的经验和方法。

3. 汇总小结：教师利用思维导图对幼儿制作风枵茶的过程进行总结。

活动延伸

幼儿观察风枵茶的变化过程，收集家乡美食——四碗茶。

（钮华英）

四、区域活动　小茶馆

经验联结

在区域活动中，幼儿对于卖各种茶的"小茶馆"非常感兴趣，他们开始讨论起"小茶馆"里有哪些好喝的茶。结合《指南》社会领域的人际交往目标1–1"喜欢和小朋友一起游戏"，我们准备在活动中收集各种茶，让幼儿泡茶，体验泡茶和喝茶的乐趣。

活动目标

1. 幼儿喜欢与小朋友一起游戏，能够使用角色语言与客人礼貌交流。

2. 幼儿尝试用协商的方式合理分配角色，基本了解各个角色的工作职责。

3. 幼儿能与同伴合作，协商解决游戏过程中遇到的问题。

活动准备

经验准备：

（1）家长带领幼儿到茶馆饮茶，观看服务员泡茶、添茶。

（2）幼儿了解"小茶馆"每一个区域的功能。

工具和材料投放：

（1）卖茶区：收银员、各类装满茶的罐子、装钱的小盒子。

（2）泡茶区：茶壶、杯子、毛巾、套盘、桌子、凳子、各种茶、水桶。

（3）晒茶区：木架、竹篮。

（4）饮茶区：全套饮茶工具、价目表。

活动要求

幼儿会用协商、合作等方式进行角色分配。

指导要点

1. 教师提醒幼儿在泡茶时注意用水的多少，卖茶时记得用二维码收钱，喝茶时做文明小客人。

2. 教师引导幼儿使用角色语言进行交流，如"欢迎光临小茶馆，里面请！""请问您要喝什么茶？"等。

3. 教师提醒幼儿注意"服务员"及"顾客"对点茶单的使用情况："服务员"在相应菜品的格子里勾画份数，点茶结束后，及时将点茶单擦干净，以方便下一位"顾客"使用。

4. 教师指导"收银员"按照"顾客"喝的茶的种类用二维码收钱。

活动延伸

鼓励幼儿使用各种材料做游戏，并创造出新的游戏情节。

（周春勤）

木梳（大班）

一、集体活动 你知道的木梳

活动目标

1. 幼儿仔细观察木梳，对各种木梳有初步的了解。
2. 幼儿知道有关木梳的图书，并对文字符号感兴趣。
3. 幼儿愿意与他人讨论有关木梳的问题，并分享自己的发现。

活动准备

经验准备：幼儿对木梳有初步的认识，了解几种常见的木梳。

工具和材料投放：各种木梳及其图片。

活动过程

（一）出示木梳，引出话题

师：小朋友，你们发现桌子上有什么东西了吗？你们见过这些木梳吗？在哪里见过？你们用过木梳吗？

（二）观察、了解各种木梳

1. 整体观察，建立初步体印象。

师：小朋友们，请你们每个人都拿一把木梳，我们一起来看一看。谁愿意介绍一下手里的木梳呢？

2. 小朋友介绍自己观察过的木梳。

教师引导幼儿先从梳子的形状入手来介绍。

（1）教师请幼儿观察木梳柄。提问：这是什么？它是什么形状的？它像什么？

（2）教师请幼儿摸一摸木梳齿，提问：它摸起来是什么感觉呢？木梳的齿像什么？

（3）教师引导幼儿认识木梳背。

【指导要点：教师引导幼儿了解木梳是由木梳柄、木梳齿、木梳背等组成的。】

（三）拓展认识

1. 教师出示若干不同的木梳，引导幼儿观察木梳。

师：你喜欢哪一把木梳？你为什么喜欢它？你可以试试用它来梳几下头发，有什么感觉？

2. 讨论：这些木梳有什么不一样？除了形状不一样外，还有什么不一样？

【指导要点：教师引导幼儿知道，除了形状不一样外，木梳的制作材料、用途也不一样。】

（四）加深印象

1. 教师出示各种木梳的图片，提问：你看到过这些木梳吗？怎么使用它们？

2. 小结：除了我们刚才看到的木梳外，还有很多我们没有见过的木梳，它们有着更神奇的功用，我们以后一起去认识它们。

延伸活动

幼儿可以和家长一起查阅木梳相关资料、收集木梳、使用木梳、研究木梳。

活动反思

《指南》指出："语言是交流和思维的工具。……幼儿在运用语言进行交流的同时，也在发展着人际交往能力、理解他人和判断交往情境的能力、组织自己思想的能力。通过语言获取信息，幼儿的学习逐步超越个体的直接感知。"本次交流活动使幼儿对各种木梳有了初步的了解，能说出各种木梳的特征和主要用途。在活动中，幼儿通过多种感官来感知、认识各种木梳，如通过看，了解到了木梳的外形特征；通过摸，知道了木梳材质的软硬；通过梳头发，来感觉舒适程度；通过讲与讨论，知道他人的想法；等等。由于幼儿亲自参与了木梳的收集工作，他们的活动参与积极性很高，在活动中不仅对各种木梳感兴趣,还对有关木梳的图书和文字符号产生了兴趣,更生发了想要了解更多关于木梳的知识的愿望。这为开展下一次活动做好了准备。

(徐勤红)

二、调查活动　木梳制作大调查

活动缘起

幼儿前期有认识、接触各种木梳的经验,在与木梳互动时产生了好奇心:这些木梳是怎么制作出来的?虽然木梳是幼儿生活中常见的物品,但木梳的制作方法却鲜有人知道,于是幼儿带着好奇心进行了木梳制作的调查活动。

活动准备

经验准备:幼儿有认识、接触木梳的经验。

工具和材料投放:各种木梳及其图片、制作木梳的视频、木梳调查表。

调查对象和内容

幼儿向自己的家人、教师或邻居了解制作木梳需要的材料、工具及木梳制作步骤。

调查前谈话

1. 师:木梳是怎么制作的?

2. 师:你想问谁?怎么问?需要记录哪些信息?

3. 幼儿观察调查表,了解需要调查的具体信息,知道记录的位置和方法及如何用图示的方式记录必要的信息。注意记录调查的对象、日期等。

4. 教师提醒:可以向多人进行调查,可以用不同形式在调查表上进行简单记录,也可以请家长帮忙拍照、拍视频,尽量记录得详细一些。

调查后汇总和讨论

1. 集体讨论。

（1）你调查到木梳是用什么材料制作的？

（2）制作木梳会用到哪些工具？

（3）制作木梳的步骤有哪些？

【指导要点：教师引导幼儿了解木梳的制作，精确来说，有十八道工序。鼓励幼儿大胆介绍主要的五个步骤：一是贴图纸；二是开齿；三是锯出轮廓；四是整体打磨、精磨；五是抛光打蜡。】

2. 分组交流。

（1）幼儿用绘画的形式表现自己想要制作的木梳及制作步骤。

（2）幼儿向伙伴介绍自己的木梳制作方法和步骤。

3. 经验巩固。

教师播放制作木梳的视频，加深幼儿对木梳制作流程的了解。

4. 汇总小结。

教师利用思维导图对木梳制作调查进行小结。

活动附件

木梳制作调查表

班级：_____   姓名：_____

制作木梳的材料	
制作木梳的工具	
木梳的制作步骤	

（雷春英）

三、集体活动 邀请非遗传承人

活动目标
1. 幼儿倾听非遗传承人的讲解，了解木梳制作过程。
2. 幼儿进一步认识和了解各种木梳制作工具。
3. 幼儿在活动中产生制作木梳的兴趣。

活动准备
经验准备：幼儿已经对木梳制作进行了调查。

工具和材料投放：木梳制作工具及相关视频、图片等。

活动过程
（一）导入

1. 幼儿观看非遗传承人制作木梳的视频。
2. 请出非遗传承人与幼儿见面。

（二）展示制作过程

1. 非遗传承人现场展示木梳制作的个别环节，让幼儿观察并展开讨论。
2. 幼儿观看完整的木梳制作视频，更加直观地了解木梳的整个制作过程。
3. 幼儿动手操作，教师和非遗传承人现场指导。

【指导要点：在幼儿现场观察木梳制作过程时，教师引导幼儿注意木梳制作的重点步骤，让幼儿尝试模仿学习。】

活动延伸
教师可以带领幼儿去木梳制作工坊参观学习，也可以让家长周末带领幼儿去参观木梳制作工坊。

活动反思

《指南》指出:"要充分尊重和保护幼儿的好奇心和学习兴趣,帮助幼儿逐步养成积极主动、认真专注、不怕困难、敢于探究和尝试、乐于想象和创造等良好学习品质。"本次活动邀请非遗传承人进入幼儿园,现场为幼儿展示制作木梳的关键步骤,打开了幼儿的想象世界,发展了幼儿的创造性思维,提升了幼儿的审美能力,增强了幼儿创作的自信心。通过本次活动,幼儿直观地感受到了木梳的制作过程和要求,更在非遗传承人的带领下动手制作木梳,体验了制作的乐趣,增强了对木梳的喜爱之情。

(吴芳芳)

四、收集活动 制作木梳的准备

活动缘起

经过对木梳一段时间的认识和了解,幼儿对木梳的兴趣越发浓厚。为了满足他们制作木梳的愿望,教师打算收集一些制作木梳需要的材料,为制作木梳做准备。

活动准备

经验准备:幼儿初步了解制作木梳的步骤。

工具和材料投放:制作木梳的工具、制作木梳的图片和视频。

收集对象和内容

幼儿在幼儿园收集制作梳子的彩纸、泡沫板、硬皮纸、玉米粒等,了解制作工具。

收集前的谈话

1.可以去哪里收集各种材料?

2. 每种材料需要收集多少才够？怎样进行任务分配？

3. 如何对收集到的材料进行区分？

收集后的汇总、展示、交流和讨论

1. 幼儿布置展示柜。

2. 幼儿展示收集到的工具。

3. 幼儿介绍自己找到的材料。

4. 幼儿商讨制作木梳的步骤。

活动延伸

开展木梳制作活动。

（杨雪兰）

五、区域活动　制订木梳制作计划

经验联结

在前期大量的参观、调查之后，幼儿对木梳有了更加丰富的认知，他们提出想自己设计制作一把木梳，这符合《指南》艺术领域的表现与创造目标1"喜欢进行艺术活动并大胆表现"。于是，教师决定在美工区鼓励幼儿设计自己喜欢的木梳，为后续的制作活动做准备。

活动目标

1. 幼儿观察木梳的基本结构特征，并把看到的木梳画下来。

2. 幼儿能够大胆地表现木梳的造型。

活动准备

经验准备：幼儿已经了解各种木梳的外形特征。

工具和材料投放：木梳相关信息PPT课件、纸、笔。

活动内容

幼儿设计一把属于自己的木梳，并绘制设计图，向大家介绍自己喜欢的木梳的材料、花纹、木梳齿的疏密等。

活动要求

1. 幼儿回忆木梳的形状都有哪些。
2. 幼儿介绍自己喜欢的木梳的材料、花纹、齿的疏密等。
3. 幼儿自由设计自己的木梳。
4. 幼儿说一说最喜欢哪把木梳的设计。

指导要点

教师提醒幼儿在设计时注意点、线的结合。

活动延伸

幼儿设计好自己的木梳之后可以进行制作。

（张思妤）

六、劳动活动　制作木梳

活动缘起

幼儿前期了解过木梳的制作过程，也知道木梳的基本组成部分——梳齿、梳背和梳柄，制订了制作计划，个别幼儿还在区域中制作木梳。但幼儿对木梳的兴趣远不止这些，他们想了解更多。于是，他们准备利用不同材质的材料制作木梳，体验制作木梳的乐趣。

活动内容

幼儿用不同的材料（硬纸板、泡沫纸和黏土）制作木梳，并在上面进行绘画和装饰。

活动前谈话

1. 你用什么材料制作过木梳？

2. 你觉得还有哪些材料可以制作木梳？

3. 你想用哪些材料来制作木梳？

活动中的巡回指导

教师引导幼儿选择自己喜欢的材料制作一把木梳，动手动脑，发挥创意，制作遇到问题时自己想办法解决或者请小伙伴帮忙。

活动后交流和讨论

1. 集体讨论。

（1）你选择了什么材料制作木梳？

（2）你是怎么制作的？

（3）你在用这个材料制作木梳的过程中遇到了什么问题？是怎么解决的？

2. 分组交流。

（1）幼儿用绘画的形式表现自己的制作过程。

（2）幼儿和同伴分享自己制作木梳的经验和方法。

3. 展示评价。

幼儿集体展示木梳作品，开展互评。

活动延伸

幼儿把制作的木梳赠送给自己喜欢的人。

（毕春瑜）

七、区域活动　画一画问题树

经验联结

在制作木梳活动中，幼儿遇到了许多不一样的问题和困难，有的问题在活动中得到了解决，有的并没有得到解决。于是，教师设计了本次活动，让幼儿把问题画下来，大家一起讨论来解决问题。结合《指南》艺术领域的表现与创造目标1-3"艺术活动中能与他人相互配合，也能独立表现"，活动中教师鼓励幼儿提出自己的问题，并互助解决问题，激发幼儿的合作和探究欲望。

活动目标

1. 幼儿能用多种材料大胆地把自己的困惑绘制下来。
2. 幼儿尝试与同伴合作绘制问题树。
3. 幼儿在同伴合作中体验自己解决困难带来的喜悦。

活动准备

经验准备：幼儿前期已经在美工区绘制过木梳。

工具和材料投放：白纸、勾线笔、蜡笔、美工材料。

活动内容

幼儿回忆在木梳制作过程中遇到哪些困难，分组讨论并将问题绘制下来，大家一起讨论来解决问题。

活动要求

1. 幼儿分组后通过讨论和汇总,用绘画的方式将制作过程中遇到的问题记录下来。
2. 幼儿分组呈现问题,汇总成问题树。
3. 幼儿进行集体讨论,商量解决问题的办法。

指导要点

1. 幼儿进行组内分工,让每一个组员都能完成自己的任务。
2. 幼儿可以将解决办法画在问题的旁边,及时记录。

活动延伸

幼儿在解决木梳制作过程中遇到的问题的基础上,学习他人的成功经验,尝试再次制作。

(吴佳羽)

八、区域活动 木梳创意画

经验联结

在了解了各种木梳之后,幼儿想用自己的方式将木梳画下来,进行木梳画的创作。结合《指南》艺术领域的表现与创造目标1-1"积极参与艺术活动,有自己比较喜欢的活动形式",教师让幼儿在美工区进行木梳的绘画创作,加强他们对木梳的了解和认知,增强他们对绘画活动的兴趣。

活动目标

1. 幼儿了解木梳的构造,尝试设计木梳。
2. 幼儿体验画木梳的乐趣,并进行大胆创造。

活动准备

经验准备：幼儿对木梳有基本的了解和观察。

工具和材料投放：勾线笔、蜡笔、白纸。

活动内容

幼儿选择自己喜欢的木梳，通过观察将木梳用绘画的方式表现出来，并进行装饰。

活动要求

1. 幼儿观察木梳的基本结构，用自己喜欢的方式将木梳画下来。
2. 幼儿对木梳进行装饰和添画。

指导要点

1. 幼儿仔细观察木梳齿的数量和间距，进行合理布局。
2. 幼儿可以尝试利用不同的美工材料对木梳进行装饰。

活动延伸

幼儿尝试将木梳作为主要元素，创作创意想象画，表现生活中不同的事物。

（顾苏蒙）

九、集体活动　绘制木梳展海报

活动目标

1. 幼儿知道木梳展的特点，能用自己的方式制作木梳展海报。
2. 幼儿能与同伴合作完成木梳展海报的绘制。

活动准备

经验准备：幼儿有看展或制作展板的经验。

工具和材料投放：各种海报图片、油画棒、颜料、笔、白纸、木梳。

活动过程

1. 教师请幼儿说一说想怎样向别人介绍木梳展，引出木梳展海报绘制创意活动。

2. 幼儿观看海报图片，了解海报的特征。

（1）海报是怎样的？

（2）木梳展海报需要有哪些内容？

（3）怎样做木梳展海报？需要用到哪些材料？

（4）大家可以怎样分工？

3. 幼儿小组合作。

重点指导：幼儿突出木梳的主要特征，做到构图合理，可以进行创造性的装饰。

4. 评选最美海报。

5. 幼儿布置"青云木梳"展示板，可以用剪贴心形卡、星星卡或创意装饰物装扮展板。

活动延伸

幼儿用不同的材料继续制作海报。

活动反思

本次活动是让幼儿分组合作完成木梳展海报绘制。《指南》艺术领域的表现与创造目标1-2指出，幼儿应"能用多种工具、材料或不同的表现手法表达自己的感受和想象"。所以，本次活动重在让幼儿参与讨论木梳海报的特点及制作方法。由于幼儿制作海报的经验不足，教师先利用网络资源帮助幼儿建立海报制作的基本经验，并在此基础上展开关于木梳展海报的讨论。本次活动是以小组合作的形式完成的,在制作前先让幼儿讨论如何分工,提高幼儿的合作能力。当然,一开始他们也会有分歧,比如有人想画木梳,有人想把自己做的木梳贴在海报上。在争执中进行协商,最后统一想法,这对于幼儿来说,也是积累了在合作中学会换位思考的经验。

（钱娟青）

十、集体活动　我做木梳宣传员

活动目标

1. 幼儿用自己的方式宣传木梳。
2. 幼儿萌发爱家乡的情感。

活动准备

经验准备：幼儿有看展的经验。

工具和材料投放：木梳展海报、与木梳非遗传承人有关的故事、桌子、布、与木梳有关的物品等。

活动过程

（一）谈话导入

师：小朋友们,我们前几天商量了木梳展的地点、展示的物品,也制作了木梳展海报,选出了木梳展的主持人,那么该怎样布置木梳展的场地呢?

（二）讨论

1. 问题：怎样布置展会？作品放在哪里？怎样分类摆放？
2. 结论：可以把桌子搬到小班班级前的两棵槐树下,布置三个展区——"各种各样的木梳""木梳的制作材料和流程""我们做的木梳"。

（三）幼儿根据大家的讨论结果进行布置

（四）制定参观路线

（五）向弟弟妹妹和家长宣传木梳非遗文化

延伸活动

幼儿分工整理木梳展的材料。

活动反思

这是一次十分有意义的活动，以家园协作、社区共建的形式，让幼儿走近非遗文化，在互动体验和社会交往中了解非遗知识、学习传统技艺，培养幼儿的民族自豪感和文化认同感，激发幼儿对本土非遗文化的兴趣和热爱。在活动中，幼儿能够分工合作，有序地布置场地。现场也有个别幼儿展示了木梳的制作流程，吸引了他们的爸爸妈妈、爷爷奶奶和弟弟妹妹驻足观看，也让家长更多地了解了课程活动，给予了相关支持。

（杨剑萍）

单个活动方案

一、调查活动　糖画大调查（小班）

活动缘起

教师介绍的桃源非遗文化资源糖画引发了幼儿的好奇心。他们聊了起来："糖画是用糖制作的吗？""糖画是怎么制作的？""你吃过糖画吗？"……于是，糖画大调查活动开始了。

活动准备

经验准备：幼儿了解调查的步骤，有调查的经验。

工具和材料投放：糖画的图片、视频资料，制作糖画的工具、材料，调查表。

调查对象和内容

1. 幼儿通过向自己的家人、教师或邻居询问，也可以通过电脑、手机等工具搜索，了解糖画的相关信息，如：糖画是用什么材料制作的？如何制作？如何保存？一般有哪些图案造型？

2. 幼儿知道糖画是以糖为材料做造型的，了解制作糖画所需要的工具、材料，以及糖画的制作工艺。

调查前谈话

1. 问题：糖画是如何制作的？

2. 问题：你想问什么问题？从哪儿找答案？需要记录哪些信息？

3. 幼儿观察调查表，了解需要调查的具体信息，知道记录的位置和方法，以及如何用图示的方式记录必要的信息。

4. 教师提醒：可以通过多渠道进行调查，可以在调查表上进行简单记录，也可以请家长帮忙查找并记录得详细一些。

调查后汇总和讨论

1. 提问：

（1）制作糖画的原材料是什么？

（2）制作糖画需要哪些工具？

（3）制作糖画的过程是怎么样的？

【**指导要点**：本环节着重引导幼儿查找糖画的制作过程信息。在调查过程中，可以引导幼儿重点感知、了解制作糖画这一民间工艺的魅力，并生成保护和传承非物质文化遗产的意识。在认识制作糖画的工具、材料及过程前，幼儿已经通过调查表做了调查，对这些已经有所了解，这是前期经验。前期经验有助于教师将幼儿的兴趣点放大，从这个兴趣点引发出更多幼儿可以去思考探索的兴趣点，激发幼儿探索事物的兴趣。在指导幼儿认识制作糖画的工具、材料及过程中，要让幼儿记住工具的用途及糖画制作流程：第一步是什么，第二步是什么……通过视频观看及教师的梳理，幼儿的印象会更深刻。】

2. 绘制制作糖画的流程图。
3. 了解保存糖画的方法。

活动延伸

幼儿回家跟家长说一说糖画是怎么来的。家长和幼儿一起在家尝试制作糖画，并鼓励幼儿与他人分享糖画。

（顾红芬）

二、调查活动　熏豆的烘制（中班）

活动缘起

幼儿了解了青云本地独具特色的毛豆储存方法——烘制熏豆。而熏豆茶则是由熏豆泡制而成的鲜香醇美的家乡茶。烘熏豆也成了幼儿票选出的想要尝试的活动。怎么烘熏豆？用什么工具？烘多久？还有很多问题需要继续调查。

活动准备

经验准备：个别幼儿看过家长烘熏豆。

工具和材料投放：调查表。

调查对象和内容

幼儿向自己的家人或邻居了解他们最近有没有烘熏豆，调查烘熏豆需要用到的工具、毛豆的处理方法，以及烘制的时间、注意事项。

调查前的谈话

1. 问题：熏豆怎么烘？

2. 问题：可以问谁？问哪些问题？

3. 问题：可以用哪些方法记录收集的信息？

4. 幼儿观察调查表，了解需要调查的具体信息，知道记录的位置和方法，以及如何用图示的方式记录必要的信息。注意记录调查的对象、日期等。

5. 教师提醒：如果看到有人正在烘熏豆，幼儿可以请爸爸妈妈帮忙用拍照、录视频的方法记录下来。

调查后汇总和讨论

1. 集体讨论。

提问：

（1）烘熏豆前要做些什么？

（2）烘熏豆需要什么工具？

（3）烘熏豆需要注意些什么？

【指导要点：前期的调查让幼儿对烘熏豆有了初步印象，此环节主要通过一个个问题帮助幼儿梳理、提炼烘熏豆的关键经验，让幼儿深入了解烘熏豆的要点。】

2. 幼儿观看图片、视频。

3. 幼儿组绘制流程图。

（1）各组幼儿讨论烘熏豆的步骤。

（2）幼儿对烘熏豆的步骤进行总结梳理，并完善步骤图。

活动附件

"熏豆怎么做"调查表

调查人		被调查人	
工具			
步骤			
注意点			

（徐　瑛）

三、集体活动　我心中的船（大班）

活动目标

1. 了解船的构造和分类后，幼儿尝试自主构思、绘制船模的形态。

2. 幼儿在观察图纸的基础上运用各种材料，与同伴合作进行船模制作。

3. 幼儿在探究性活动过程中，感知船与人类的关系。

活动准备

经验准备：幼儿对船有初步的了解。

工具和材料投放： 小渔村PPT背景图、川流不息的小河的图片、卡通人物小花的图片。

活动过程

（一）情境导入，激发兴趣

情境：小花想要去神秘的小渔村旅游，可是在去小渔村的路上要经过一条川流不息的小河。她想请小朋友们帮忙想一想，可以通过什么方式渡过小河，到达神秘的小渔村。

【指导要点：教师通过出示川流不息的小河的图片引导幼儿进入情境，帮小花想一想渡过小河的方法，引出活动的主题"船"。】

（二）观察欣赏，感知探索

1. 教师介绍船的种类和用途。

教师通过出示图片和视频，帮助幼儿初步了解船的种类和用途。

【指导要点：教师通过出示一些船的图片或视频，引导幼儿了解船的类别，知道船是多种多样的，以及不同的船用途也不相同，常见的船有轮船、帆船……让幼儿在观察、欣赏、分析中，了解船的特点、区别和分类。】

2. 幼儿尝试绘制图纸。

教师引导幼儿在初步了解船的结构和种类的基础上，尝试自己绘制一艘船的图纸。

【指导要点：教师可以出示一些船的分解图，引导幼儿在绘制图纸时先确定船身的形状和大小，表现出船的大体轮廓，再画出局部结构，如桅杆、船帆、船篷、划桨等。绘制结束后，教师可做简单的展评，适当地对设计有创意的幼儿进行奖励。】

（三）小组合作，尝试制作

1. 小组投票，选择图纸。

教师引导幼儿分组进行投票，选出组内票数最高的船模设计图。

2. 选取材料，尝试制作。

投票选出设计图后，教师引导幼儿去"村落创作廊"中自主选择制作船模的材料，并进行小组合作，共同制作船模。

【指导要点：教师可引导幼儿选出组长，由组长进行分配，如：可以由一名幼儿制作船篷，另一名幼儿制作桅杆。教师鼓励幼儿尝试分配任务，协同制作。另外，在选取材料时，教师可以引导幼儿选择多种类型的材料，鼓励幼儿发挥想象力，制作出具有创造性的船模。】

（四）作品展示，讲述设计意图

船模制作完成后，教师可请小组组长展示船模，并讲讲船模的设计意图。

活动延伸

将幼儿制作的船模投放到美工区，让幼儿尝试为船模布置场景，激发幼儿的想象力和创造力。

活动反思

在本次活动中，教师根据大班幼儿的年龄特点创设活动情境，采用多种形式激发他们的兴趣，引导他们积极思考，让幼儿能依据船的特征、结构和功能，创造出自己心中的船的形象。进行艺术欣赏时，要引导幼儿关注事物的外在形式特征，注重幼儿自身的自主感知、想象与感受。大班幼儿处于逻辑思维能力的萌芽阶段，创作比较局限，所以教师在活动设计上应以兴趣激发为主，以幼儿进行实践探究为学习方法，再以情境调动幼儿的积极性，让幼儿在活动中充分发展自主创作能力。

本次活动也存在一些不足，如幼儿在理解能力和动手能力上有明显的层次差别，教师对少数动手能力较弱的幼儿关注不够。在面向全体的同时，教师也应该关注个别幼儿。有些幼儿对船模制作兴趣不大，教师应该对其多加引导，帮助他们融入小组，共同制作船模。

（董玉妹）

活动叙事

⭐ 幼儿园里的熏豆茶（中班）

一、缘 起

俗话说："春种一粒粟，秋收万颗子。"2021年的春天，孩子们在种植地里埋下了毛豆的种子。他们给它浇水，观察它的变化，记录它的成长。暑去秋来，在7月离园前还未等到果实成熟的孩子们，在9月又会与毛豆有怎样的邂逅呢？让我们一起走进中一班孩子们与毛豆的故事吧。

【**思考与分析**：陈鹤琴先生指出："大自然、大社会是活教材。"孩子们在种植毛豆的过程中，通过直接感知和实际操作，获得了毛豆发芽、开花的直观体验和种植经验。种豆得豆，毛豆果实的收获不仅能让孩子们获得种植的成就感，还能让他们对种子与果实之间的密切联系有进一步的认识。】

二、采豆之趣

（一）毛豆长出来了吗？

9月开学季，原小一班的孩子们成为中一班的哥哥姐姐，来到了新班级，他们在小一班时种植毛豆的照片也被布置在新班级的一角。孩子们看着自己种植毛豆的照片想起了种植毛豆的的情形。

吴梓曦说："毛豆是我们在小一班的时候种的，它们长大了吗？有没有长出毛豆来呀？"

李亦乐说："是我把毛豆种下去的。"

吴城林说："我还给毛豆量过身高呢！"

钱纯熙说："我以前给毛豆浇过水……"

大家你一言，我一语，开启了关于毛豆的讨论。面对孩子们的讨论，我们决定先去巡视一番被遗忘了一个暑假的毛豆。

【**思考与分析**：升入中班的孩子们对于新的班级环境还有些陌生，在班级中投放他们熟悉的素材能帮助他们更好地适应新环境。种植照片墙勾起了孩子们有关种植的记忆。】

（二）毛豆地里有"刺毛"

下午做完午间操，老师带着孩子们一起去巡视毛豆种植地。种植地里其他的蔬菜都已经被摘光了，只剩下一片绿油油的毛豆。

孩子们走近后翻开叶子一看，毛豆秆上俨然长满了一节一节的毛豆。孩子们兴奋极了，都跑过去拨开叶子翻找毛豆。有的更是迫不及待地要摘掉毛豆。

突然，徐梓涵大叫一声："啊，好大的虫子，好吓人呀！"大家走近一看，一条黄色的大虫子正躲在毛豆叶子底下蠕动。一旁的女孩们都惊叫着走开了。王婉钰说："这个是刺毛，它会咬人的。"这一说吓得在翻叶子的几个孩子赶紧缩回了手。王颖杰说："老师，叶子上面都是洞洞，里面肯定还有很多虫子。"刚刚还摘得起劲的孩子们都停了下来，不敢再去碰毛豆了。在老师的帮助下，这条大虫子被挪走了。可是，里面还会不会有别的虫子呢？孩子们对此展开了讨论。

【**思考与分析**：防治虫害作为种植活动中的一个重要环节，此时正发挥着它独有的教育作用。而孩子们要怎样打败恐惧，踏出采摘的第一步，是现下的大问题。教师要做的就是给孩子们自由表达的机会，找到解决问题的办法。】

(三)怎样才能安全摘到毛豆？

问题：毛豆地里有毛毛虫怎么办？	
我觉得我们可以穿长袖衣服来保护我们的手臂，这样毛毛虫就不会咬我们了。 ——王颖杰	
我们可以戴上手套摘毛豆！ ——王雨桐	
穿短裤的小朋友不能进入毛豆种植地。 ——吴桐	

为了能安全地摘到毛豆，孩子们想出了摘毛豆时保护好自己的方法。第二天，他们从涂鸦区借来了罩衣，从保健老师那里借来了塑胶手套。全副武装之后，孩子们拎着篮子出发了。

	精彩瞬间	摘豆语录
摘豆趣事		快来人呀，这里有好多毛豆！还有篮子吗？我拿不下了……先放口袋里吧！ ——田奇琦
		我把毛豆搬出来，这样就碰不到里面的虫子了。 ——杨彦之
		这里怎么还有紫色的毛豆？（原来是摘了隔壁地里的荷兰豆。） ——王颖杰
		我们在外面摘就不怕毛毛虫咬我们了。 ——黄佳艺

【思考与分析：《指南》指出："幼儿的学习是以直接经验为基础，在游戏和日常生活中进行的。"为了避免在采摘时受到"刺毛"的伤害，幼儿各抒己见，最终决定要在采摘前做好自我保护，并在园内选用了可以起到保护作用的罩衣和手套。这项直接经验的获得将为后续毛豆的顺利采摘保驾护航。】

三、搭灶之趣

（一）毛豆怎么吃？

孩子们摘了满满三大篮子的毛豆，丰收的喜悦不言而喻。可是，摘了这么多毛豆，怎么吃呢？

杨彦之说："可以用来烘熏豆，我在家帮奶奶剥过很多毛豆，都用来烘熏豆了。"

陆芸汐说："我家也在烘熏豆。"

正值金秋，烘熏豆是青云的本土特色，这个时节家家户户都在烘熏豆，孩子们也想参与其中。经过一番商讨，孩子们决定将采摘下来的毛豆变成熏豆。

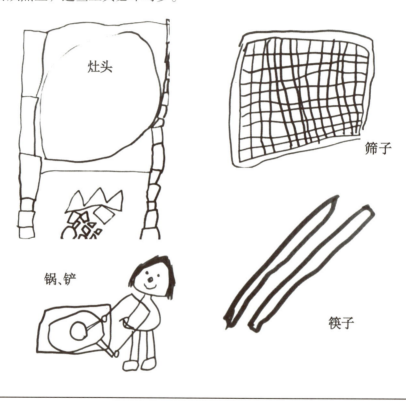

烘熏豆需要的工具

通过观察图片和视频,幼儿整理出了烘熏豆需要用到的设备和工具,并画了下来。想要烘熏豆,这些工具必不可少。

灶头

筛子

锅、铲

筷子

【**思考与分析**:刚刚经历过毛豆丰收的幼儿对日常生活中的毛豆格外关注,熏豆这样的时令美食不仅进入了他们的视野,也成了他们的话题。教师决定追随幼儿的兴趣,和他们一起开启关于熏豆的寻味之旅。】

（二）灶头从哪里来？

观看并讨论过家长发来的图片和视频后，孩子们一起简单梳理了烘熏豆的步骤，从身边找来了筛子、锅等可以使用的工具，唯独没有最重要的设备——灶头。

陆芸汐说："奶奶是在家里的灶头上烘熏豆的。我们幼儿园里有灶头吗？"

吴城林说："我们幼儿园好像没有灶头呀！"

吴梓曦说："那怎么办呀？我们的熏豆烘不成了吗？"

幼儿园里没有灶头，怎样才能把熏豆烘起来呢？就在大家担忧的时候，姚阿姨给支了一招：可以仿照烧野火饭的方法搭建灶头。

观察图片，借鉴经验

烧野火饭的灶头是什么样的呢？老师向以前开展过相关活动的其他老师要来了当时的现场照片，孩子们认真地观察起来。

老师问："你们会用砖块搭灶头吗？"

杨彦之说："会呀，就像搭积木一样。"

钱纯熙说："把砖块一层一层搭起来就可以了。"

姚诗琪说："灶头是圆圆的。"

黄佳艺说："第二层和第一层要分开一点。"

小试牛刀，用积木搭灶头

经过观察，孩子们发现，烧野火饭的灶是圆圆的，是用砖块搭起来的，中间还要留一个洞烧火。兴奋地表达完自己的想法，孩子们已经跃跃欲试了。但是砖块有点重，搬来搬去还容易碎，为了能让灶头一次搭建成功，大家决定先用积木试一试。大家赶紧来到了操场上，决定实践一下。

孩子们两人一组开始了搭建，一个负责搬积木，一个负责摆出造型。不一会儿，三个搭灶小组完成了搭建。为了考验积木灶的实用性，我们搬来了当初使用过的铁锅。在代表小组进行解说和摆放尝试后，其他幼儿进行了投票，最终杨彦之和彭若轩的搭建成果胜出。

灶头搭建大比拼			
组员	搭建方式	成果	
张子皓、田奇琦	张子皓和田奇琦选择了二倍块积木和四倍块积木进行搭建，将长度一样的积木垒高，围合成一个长方形		能放铁锅，但灶头太大
姚诗琪、姚诗敏	姚诗琪和姚诗敏用小方块和基本块积木进行相同高度的垒高，围合成一个聚拢的小正方形		刚好能放铁锅，但没有放柴口
杨彦之、彭若轩	杨彦之和彭若轩选择的材料是基本块积木，先将底层积木围合成一个圆形，再一层一层交错向上垒高，每层之间有空隙		外形与示范灶类似，但没有放柴口

● 一起搬砖，合力搭灶

搭灶的方法有了，于是孩子们来到空旷的场地，用砖块搭建起来。砖块太重，孩子们只能一块一块地搬，最后合力把灶头搭建起来。

徐梓涵说："我们的灶头终于搭好了，我们用什么来烧火呀？"

杨彦之说："我奶奶是用稻草来烧火的。"

姚诗敏说："我们幼儿园没有稻草呀！"

徐梓涵说："我奶奶还用桑秆和硬柴烧火。"

沈逸萌说："干干的树叶也可以的。"

钱纯熙说："我知道了，我们可以去幼儿园里找树枝和落叶来烧火。"

灶头刚搭好，关于用什么材料来烧火的新一轮讨论又开始了。孩子们商量后，连忙往幼儿园不同的角落跑去，开始收集树枝和落叶。

● 厘清步骤，合理分工

经过前期的调查和梳理，孩子们对烘熏豆的步骤有了初步的了解。为了让制作步骤更清晰，更加明确自己的任务，大家一致决定将步骤画下来。

用图画简单梳理出步骤之后,幼儿分成两组,第一组负责摘毛豆和剥毛豆,第二组负责煮毛豆和烘熏豆。于是,烘熏豆行动正式开始了。

● 起火烧灶，开始烘熏豆

在老师的帮助下，经过一个下午的烘烤，孩子们终于吃到了自己培育、烘烤的熏豆，他们的脸上洋溢着幸福的笑容。

【思考与分析：中班幼儿的经验主要是通过感知觉及各种操作活动建构起来的。虽然他们对事物的认识直接、简单且表面化，但是他们对事物的操作感知是其积累认知经验的重要方式。在活动中，虽然幼儿缺乏搭灶经验，但教师通过提供照片，引导幼儿进行观察、表达和搭建，鼓励幼儿大胆实践自己的想法。在搭灶的过程中，幼儿不仅获得了丰富的实践经验，还发展了解决问题的能力。】

四、品茶之趣

临近冬日，天气渐冷。此时，青云人最舒适的时刻莫不是在庭院的一角，邀几位亲友，喝上一杯熏豆茶，闲聊一下午。为了品味熏豆茶，孩子们从家里收集了几样配料，如芝麻、陈皮和萝卜干，打算在冬日暖阳下品味咸香醇美的熏豆茶！

在冬日的某一天，一切准备就绪，孩子们的品茶之旅正

式开启了。

　　"芝麻好香呀！""陈皮真好吃！""熏豆茶的味道是咸咸的。"伴随着欢声笑语，孩子们在暖阳下品茶，感受品茶的幸福。

五、尾 声

历时一年的"种豆得豆"之旅即将接近尾声,而熏豆的痕迹也遍布班级。

(一)巧手制作"熏豆茶"

老师说:"熏豆茶真美味,让我们一起把美味留下来吧!"

在美工坊,孩子们用黏土捏出了美味的"熏豆""陈皮""萝卜干"。

(二)青云特产进小店

"民俗小吃店"也开起来了,孩子们将熏豆茶带进了小吃店,给到店的小顾客们介绍着来自青云的美食。

（三）将最美回忆画下来

孩子们将种毛豆、吃毛豆、烘熏豆的故事画下来，留在阅读区，一起重温美好的回忆。

六、活动反思

（一）将种植还给幼儿，让大自然传授经验

种植活动是一个动态的过程，因为植物是在生长变化的，在这个过程中，幼儿需要有耐心并学会等待。在种植的过程中，幼儿通过与植物互动，开展了一系列的观察和探索活动。植物生长过程中茎叶长短的变化等，都是幼儿发现问题并获得直接经验的契机。因此，放手将种植还给幼儿后，大自然会将植物生长的秘密告诉他们。

（二）做幼儿的追随者，把主动权还给幼儿

幼儿是主动的学习者。在种植毛豆、收获毛豆的同时，毛豆也进入了幼儿的内心，引导他们观察周围与毛豆相关的事物，因此烘熏豆活动应运而生。尽管在幼儿园烘熏豆是一件十分困难的事情，但是通过利用家长资源，教师和幼儿一起整理出一套烘熏豆流程，并借鉴以往的经验成功实现了"在园烘豆"的想法。因此，在整个活动过程中，教师并不是活动的引领者，而是幼儿想法的追随者，

把主动权还给了幼儿。

（三）让幼儿自由表达，表征其所见所想

《指南》指出："幼儿艺术领域学习的关键在于充分创造条件和机会，在大自然和社会文化生活中萌发幼儿对美的感受和体验……"整个摘毛豆、烘熏豆过程对于幼儿来说，都是丰富有趣的生活体验。围绕这些活动，鼓励幼儿进行表征，不仅可以引导他们建构新的绘画经验，还能帮助他们表达自己的所见所想。活动最后的绘画表征环节，作为整个活动的收尾部分，既帮助幼儿回忆了本次活动所收获的经验，又加深了"采豆""烘豆"活动在他们心中的印象，为整个活动画上了圆满的句号。

（徐　瑛）

⭐ 甜甜的糖画（中班）

一、遇见糖画

（一）缘起

周一早晨，艾琪高兴地对瑾妍说："我昨天看到糖画了，糖画可漂亮了。"瑾妍问她："糖画是不是可以吃啊？""做糖画的那个叔叔说可以吃，可是我没有吃到。""糖画是什么样子的？"小飞问道。"是不是小动物图案的？"甜甜又问道。孩子们都好奇地走过来听艾琪解答。

《指南》社会领域的社会适应目标3-2指出，幼儿应"能说出自己家所在地的省、市、县（区）名称，知道当地有代表性的物产或景观"。糖画是民间美食，也是青云当地的非遗，深受孩子们的喜爱。因为一次偶然的发现，孩子们展开了讨论……

【**思考与分析**：从幼儿的对话中，教师能看出他们对糖画拥有强烈的好奇心。可是，对于糖画本身，幼儿的经验不足以支撑他们接下去的讨论，这是一个非常好的帮助幼儿了解当地非遗文化的契机。教师考虑到自己对糖画也不是特别了解，所以邀请糖画传承人来到幼儿园，为幼儿的发展提供更加适宜的支持。幼儿也可以利用自己的经验讨论邀请糖画传承人的方式，做好充分准备。】

（二）邀请手艺人

进行小组活动的时候，孩子们讨论起了邀请糖画传承人李瑶老师的方式。

桃子说："我们给糖画叔叔发个微信吧。"一公说："还可以打电话。"小飞说："老师，你认识糖画叔叔吗？""老师也不认识他，所以糖画叔叔的微信和电话我都不知道。还有其他的办法吗？"老师说。诺禹说："老师，那你知道他家在哪儿吗？我们去他家找他吧。"前期老师也简单地了解了一下糖画传承人的情况，就对孩子们说："糖画叔叔在步庸阁和灶家浜都有工作室，我们可以去那边邀请他。"孩子们都表示要自己去邀请他。因为以前看过大班的哥哥姐姐绘制邀请卡，所以有孩子提议带着自己画的邀请卡去邀请糖画传承人。

绘制完邀请卡后，大家就打算去工作室邀请糖画传承人了。

通过步庸阁的官方微信，老师添加了李瑶老师的个人微信，确定了李瑶老师的位置和比较方便的时间。考虑到灶家浜离幼儿园有一定的距离，孩子们推选了睿睿小朋友帮忙转达大家期待李瑶老师来园的想法,李瑶老师也非常高兴地接受了大家的邀请。

睿睿小朋友回到幼儿园后,第一时间就把这个好消息告诉了大家,孩子们知道后都很开心。他们猜测着李瑶老师会不会画他们喜欢的图案。瑾妍说:"我想要李叔叔画一朵花。"弘弘说:"我想要李叔叔画一辆小汽车。"……孩子们七嘴八舌地谈论着自己的想法。这时,老师提议说:"你们想要的都不一样,李老师一时也记不住,要不你们画下来吧。"孩子们都说好,并开始设计自己喜欢的糖画造型。

【**思考与分析**：在绘制糖画造型时，糖画在很多幼儿心中就是一幅画。他们用和平时一样的绘画方式去完善自己的画作，完成后和教师、同伴交流着自己的想法。《指南》科学领域的科学探究目标2-1指出，幼儿应"能对事物或现象进行观察比较，发现其相同与不同"。幼儿通过非遗传承人的介绍、现场展示来发现糖画和平时绘画的区别，感受会更加深刻。】

（三）非遗进园

终于到了李瑶老师来园的日子，孩子们都神神气气地坐在座位上，听着李瑶老师介绍糖画。当李瑶老师现场展示糖画造型龙和小兔子时，教室里爆发出了热烈的掌声，孩子们说着"哇，李叔叔好棒！"，"好漂亮呀！"

接下来是孩子们最期待的糖画体验时刻了，他们在李瑶老师的帮助下画小兔、画小蛇、画汽车，再画一个狼牙棒，可高

兴了。在李瑶老师准备糖画的时候，孩子们玩起了精彩的村落民俗游戏，集齐三枚印章后就可以兑换糖画了。拿着闻起来香香的糖画，孩子们忍不住咬了一点说："嗯，甜甜的糖画真好吃。"

（四）我也想做糖画

因为糖画活动的时间有限，很多孩子没有体验到做糖画，回到教室后就说："老师，我没有画糖画，我也想自己画。"鉴于孩子们拥有非常强烈的画糖画的想法，接下来老师就把制作糖画现场"搬"进了教室。

【思考与分析：在糖画活动中，不管是一开始的讨论，还是对于邀请方式的选择，教师都以幼儿为主体，站在支持者的角度，去给予幼儿适当的帮助。发现幼儿对糖画有浓厚的兴趣后，教师也充分利用周边的社会资源，去寻找非遗传承人，让幼儿代表去送邀请卡，这些都为幼儿的社会性成长架起了桥梁。进行非遗入园活动时，幼儿现场聆听了故事，观看了手艺人的现场演示，还亲身体验了做糖画。幼儿通过参与、体验、操作的方式，感知糖画的魅力，从而把活动中的感受转化为新经验、新技能、新情感。在这个过程中，幼儿形成了积极主动、不怕困难、乐于想象和创造的学习品质。】

二、制作糖画

（一）绘制糖画制作流程图

李瑶老师说做糖画有五个步骤：熬糖、碎糖、熔糖、转盘和绘糖，孩子们想把步骤画下来。这时，一公说："用勺子画造型好难啊。"瑾妍说："那就不要转盘了，我们想画什么就画什么。"商量好后，他们就画了四个步骤：熬糖、碎糖、熔糖、绘糖。甜甜问老师："老师，我们熬好糖可以直接画吗？"老师说："可以呀。"一公说："那碎糖和熔糖就不要了，我们熬好糖就直接画吧。"

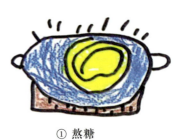

（二）糖画工具大调查

孩子们虽然对糖画已经有了初步的了解，但是对于具体制作糖画时需要用到的材料、工具还不是特别清楚。这时候老师邀请家长也参与进来，为孩子们提供支持，更好地推进活动。老师下发了糖画工具调查表，让家长和孩子们查阅资料，并用图文结合的方式进行填写，再让孩子们看着调查表做介绍。孩子们自己介绍调查到的信息的过程，也是对自己已有经验的梳理和巩固过程。同时，老师给予了孩子们自由表达、展示的机会，加强了孩子们的主动性，让孩子们的语言表达能力得到一定提升。

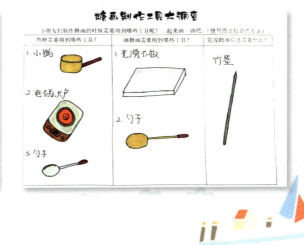

（三）准备材料

前期的工具主要有电磁炉、锅、金属板、铜起子、勺子、糖和竹签。孩子们在准备的时候发现没有金属板和铜起子，考虑是否有其他的工具可以替代。于是，老师又带着孩子们去问了糖画工作室的老师，他给孩子们提出建议：可以用烘焙用的硅胶垫代替金属板，用刮板代替铜起子。后来，老师发现用大锅熬糖对于孩子们来说存在危险性，所以又网购了小锅来进行替代。

（四）糖画制作进行时

- 熬糖

材料准备就绪后，孩子们对于熬糖还存在一定的困惑，他们不知道如何进行，所以回家询问了自己的爸爸妈妈，同时简单地记录了糖水配方。孩子们得出的结论有两种：

熬糖方法大调查

孩子们要在园尝试熬糖绘制糖画，可是对熬糖的方法还不是很了解，想请家长们助力一下（使用图文结合的方法完成调查表）。

熬糖需要用到哪些材料？	大概需要用到多少糖？（糖和水的比例是多少？）
需要用到砂糖、水、锅、电磁炉、勺子	大概需要200 g砂糖、100 g水

结论一：糖多水少

熬糖方法大调查

孩子们要在园尝试熬糖绘制糖画，可是对熬糖的方法还不是很了解，想请家长们助力一下（使用图文结合的方法完成调查表）。

熬糖需要用到哪些材料？	大概需要用到多少糖？（糖和水的比例是多少？）
白糖　水	2（1 000 g）：1（500 g）水　糖

结论二：糖少水多

因为不确定使用哪种方法能够成功，所以我们先进行了投票，让孩子们猜测哪一种方法能够成功。大多数孩子投的是"糖多水少"，但也有少部分孩子投了"糖少水多"。

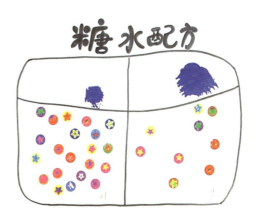

为了更加清楚地进行对比,老师请几个小朋友同时进行熬糖。两个小朋友合作,一个戴了手套熬糖,另一个记录实验过程。

熬了很长时间后,糖用得多的瑾妍发现糖开始变黄了,用勺子搅拌的时候变得有点黏稠了。水用得多的艾琪发现锅里一直在冒泡,搅拌起来也和一开始差不多。

他们得出的结论是熬糖的时候要糖多水少。这时,艾琪不开心地说:"我的手好酸呀,怎么还是这样?"瑾妍对她说:"你要像我们一样多加糖,手酸了叫好朋友帮忙,等一会儿就成功了。"

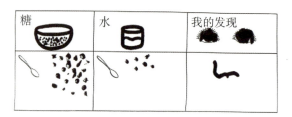 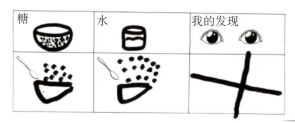

艾琪和李杨接受了瑾妍的建议继续加糖,最后也成功熬好了糖液。

● 画糖画

糖液一熬好,孩子们就迫不及待地开始了自己的糖画绘制。看着糖液在硅胶垫上流淌,随意画上一笔都满怀欢喜。画好放上竹签,一个糖画作品就完成了。

● 品糖画

糖液变凉后,糖画变得硬硬的。孩子们品尝着自己制作的糖画,不时说着"嗯,真甜呀!""好好吃。"

【思考与分析:在制作糖画的过程中,教师挖掘了家长资源,让家长成为幼儿的支持者和帮助者。在幼儿园教学中可以发现,榜样的力量是无穷的,幼儿的行为习惯是在成人的影响和帮助下养成的。若父母具备良好的学习品质,幼儿就会耳濡目染,在潜移默化中得到熏陶、受到启发,从而养成好的习惯。同时,教师创设了宽松和谐的活动环境,让幼儿自主选择活动内容和合作伙伴,主动地进行探索与交往。在整个熬糖过程中,幼儿用不同的方式同时熬糖,经过实验对比,得出了"糖多水少"能够成功熬制出糖液的结论。虽然有的幼儿熬糖失败了,但他们没有放弃,而是在同伴的建议下加入糖继续熬制,最后也熬制成功了。这符合《指南》社会领域的人际交往目标2-4指出,幼儿应在"活动时愿意接受同伴的意见和建议"。】

三、宣传糖画

(一)包装糖画

在糖画绘制完成后的一段时间里,艾琪发现本该变硬的糖画又流下来一点点糖液,她对李杨说:"你看,糖画有点融化了。""真的,有点黏黏的。"李杨说。东东想起李瑶老师来园时送给大家的糖画都被包上了透明的塑料袋,说:"我们要用塑料袋把糖画包起来,这样它就不会融化了。"为了让糖画能够保存下来,孩子们一起包装糖画。虽然只是把糖画放到袋子里,但这对孩子们来说并不简单。糖画一碰到塑料袋就会粘住,有时候才放进一半就会粘在袋子上,孩子们试了很多次都没有成功。于是,老师建议道:"你们可以合作,一个打开袋子,一个把糖放进去。"一开始合作的时候孩子们太着急了,还是不行。试了几次后,他们变得更加小心了,最后成功地把糖画装进去,又把袋子的开口处粘好,包装好了。

(二)我做糖画传承人

● 参观非遗馆

在得知非遗馆即将建好的消息后,孩子们开心地问老师:"老师,下次我们是不是可以在非遗馆里做糖画啦?我们可以去非遗馆吗?"于是,老师带领孩子们来到非遗馆,满足了他们的好奇心。

"这里好大呀!""你们看,我们的工具可以放这里。""好大的桌子,可以站在这里做糖画。"孩子们七嘴八舌地讨论着。

● 竞选小馆长

参观完非遗馆后,老师问:"外面的图书馆和科技馆都有一个馆长。那我们是否也需要一个小馆长?"孩子们都说需要。老师又继续问:"那会做什么事情的小朋友比较适合做小馆长呢?"有的说会做糖画的,有的说会熬糖的,还有的说爱帮助小朋友的,等等。孩子们决定用投票的方式选出小馆长。有四名小朋友自告奋勇地参加竞选,他们通过自我介绍和拉票的方式预热了本次竞选,投票过后,一公以最多的票数当选了糖画小馆长。

● 谈论展示地点

小馆长上任后的第一个任务,就是讨论在哪里展示在非遗馆制作好的糖画。孩子们在非遗馆和外面寻找着适合展示的地方,最后选定了非遗馆的操作区,因为操作台很大,可以多放一些糖画。糖画制作完成后,可以放在操作区的摆摊台上,这样来学校的客人可以看到,其他班级的小朋友也可以看到。

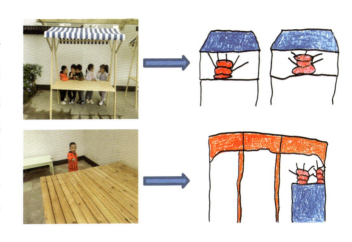

● 送糖画

为了让更多人知道大家在做糖画,孩子们把自己制作的糖画送给了小班的弟弟妹妹们,并邀请他们下次一起做糖画;送给了在校门口遇到的老师,告诉老师这是他们自己做的糖画;送给了为他们筑起安全第一道防线的保安叔叔;送给了每天为他们准备食物的食堂阿姨们。

【思考与分析:教育来源于生活,教师将本地的非遗文化引入班级,开展了一系列糖画活动。在糖画这样的社会性资源主题视角下,教师以生活为核心,培养幼儿的好奇心和专注力;以兴趣

为着力点，培养幼儿的学习兴趣；以游戏为活动方式，发挥幼儿的主观能动性；创设轻松愉悦的学习氛围，使幼儿想说、敢说、愿意说；定位新型教师角色，引导幼儿学会坚持；充分利用问题引导，促进幼儿的想象与创造。】

《指南》中艺术领域的表现与创造目标1-2指出幼儿要"经常用绘画、捏泥、手工制作等多种方式表现自己的所见所想"。社会领域的社会适应目标3-2指出，幼儿要"能说出自己家所在省、市、县（区）名称，知道当地有代表性的物产或景观"。在动手操作的过程中，幼儿积累了制作糖画的经验，体验了劳动的喜悦并懂得了珍惜别人的劳动成果；领略了非遗文化的独特魅力，同时知道了糖画是家乡的非遗产品，为家乡具有这一特色文化物产而感到自豪；激发了热爱生活、热爱传统文化的热情，进一步增强了对非遗文化的保护意识，真正让非遗持久传承、历久弥新。

（虞琼敏）

　　构建适合儿童发展的学前教育课程并努力落实,是实现幼儿园培养目标的重要途径,也是贯彻落实《3—6岁儿童学习与发展指南》的重要途径,更是实现学前教育高质量发展的重要途径。

　　"什么是幼儿园课程?""幼儿园课程在哪里?""如何追随儿童的兴趣设计课程?""如何将身边的资源开发成为促进幼儿发展、让幼儿获得有益经验的活动?"这些一直是幼儿园老师们面临的问题和挑战。吴江区各幼儿园根据自身实际情况,开启了园本提升、内涵发展、课程建设的实践探索征程。

　　十年课程实践,得到了广大幼儿园教师、家长、领导、专家等的关心和支持。十年来,吴江区绘制了幼儿园课程改革蓝图,组建了"学前教育发展共同体",成立了省内外专家指导团队。在专家沉浸式、伴随式、持续性的指导下,各种问题逐渐有了答案,困惑渐次解开,幼儿园找到了从身边资源入手,追随幼儿兴趣,开展多样化活动,助力幼儿积累有益经验,促进幼儿全面发展的课程建构路径,并在国家级、省级、市级的教学成果奖评选中频频获奖。

　　本套丛书是吴江区各幼儿园课程探索的缩影,共十三册,由吴江区鲈乡幼儿园鲈乡园区、鲈乡幼儿园越秀园区、平望幼儿园、盛泽实验幼儿园、芦墟幼儿园、黎里幼儿园、梅堰幼儿园、铜罗幼儿园、青云幼儿园、桃源幼儿园、北库幼儿园、舜泽幼儿园、横扇幼儿园、八坼幼儿园这十四所幼儿园合作编写。本套丛书从策划到呈现，离不开负责各册编写的幼儿园教师的实践智慧和无私分享，离不开吴江区其他幼儿园教师的支持和帮助，更离不开虞永平、张春霞、张晗、张斌、苗雪红、胡娟、杨梦萍等团队专家长期以来的精心指导和鼓励。在丛书编写过程中，苏州大学出版社的领导、编辑给予了老师们极大的肯定，虞永平教授更是在百忙中抽出时间为本套丛书作序，张春霞老师在编写中全程悉心指导，在此一并表示衷心的感谢！

　　生逢盛世，奋斗正当时。我们处在大有可为的新时代，在党的二十大精神指引下，吴江幼教人必将扬帆再起航，继续深耕幼教这块沃土，为实现学前教育高质量发展而努力前行！

钱月琴

2023 年 5 月